世居少数民族系列

云南省社会科学界联合会 组编

"云南史话·世居少数民族系列"
编委会

主　任　张瑞才
副主任　邹文红
委　员　王文光　王峥嵘　刘　军　李保欣
　　　　　李晓斌　孙峥嵘　杨五青　杨远梅
　　　　　杨绍军　杨敬东　吴丽萍　肖才志
　　　　　张富春　周智生　和文平　岳石林
　　　　　周　霏　侯行辉　祝培荣　赵燕琴
　　　　　袁国友　钱彦富　龚志龙　谢青松
　　　　　游启道

基诺族史话

杨绍华 编著

云南出版集团
云南人民出版社

图书在版编目（CIP）数据

基诺族史话 / 杨绍华编著. —— 昆明：云南人民出版社，2023.5

（云南史话. 世居少数民族系列）

ISBN 978-7-222-21899-4

Ⅰ.①基… Ⅱ.①杨… Ⅲ.①基诺族–民族历史–云南 Ⅳ.①K287.8

中国国家版本馆CIP数据核字（2023）第079629号

出 版 人：赵石定
统筹编辑：马维聪
责任编辑：陈　迟
责任校对：梁　爽
责任印制：代隆参
装帧设计：赵　丹

基诺族史话
JINUOZU SHIHUA

杨绍华　编著

出　版	云南出版集团　云南人民出版社
发　行	云南人民出版社
社　址	昆明市环城西路609号
邮　编	650034
网　址	www.ynpph.com.cn
E-mail	ynrms@sina.com
开　本	720mm×1010mm　1/32
印　张	6.875
字　数	93千
版　次	2023年5月第1版第1次印刷
印　刷	云南速盈印刷有限公司
书　号	ISBN 978-7-222-21899-4
定　价	36.00元

如需购买图书、反馈意见，请与我社联系

总编室：0871-64109126　发行部：0871-64108507
审校部：0871-64164626　印制部：0871-64191534

版权所有　侵权必究　印装差错　负责调换

云南人民出版社微信公众号

总 序

七彩云南,气象万千。

这里东连黔桂,西邻缅甸,北靠川渝,南接越南、老挝,是祖国大陆通往南亚东南亚、出印度洋的枢纽和大通道。特殊的地理,悠久的历史,孕育了深厚的文化底蕴,创造了丰富多彩的灿烂文化,云南成为中华文化同南亚次大陆文化、东南亚文化交汇的区域,是文化交汇、融合、多样性的现代范本。

这里山川纵横。横断山、哀牢山、无量山、云岭、乌蒙山等山系支撑起祖国西南辽阔的天空。这里碧水荡漾。滇池、洱海、抚仙湖、程海、泸沽湖、杞麓湖、异龙湖、星云湖、阳宗海等湖泊,像一颗颗璀璨的明珠,镶嵌在云南高原上。这里江河澎湃。金沙江、澜沧江、怒江、红河、珠江、伊洛瓦底江等六大水系连通各民族共同的家园。这里是植物王国、动物王国、有色金属王国；这里气候温和、四季如春，是世界花园。

这里历史悠久。元谋人从170万年前的远古走来。战国中晚期庄蹻入滇，第一次连接了楚文化与滇文化。秦开五尺道、汉习楼船，云南正式纳入祖国版图。唐宋时期，南诏、大理国文化彪炳史册。元初正式建立行省。明清时期，云南经济社会得到长足发展。20世纪初，云南各族人民打响了护国起义第一枪，巩固了辛亥革命成果。在抗日战争中，几十万云南各族儿女征战沙场，扬我国威。西南联合大学谱写了世界教育史上的奇迹。

在这片红土地上，传承着红色文化基因。走出了王复生、王德三等早期马克思主义播火者，走出了无产阶级军事家罗炳辉，中华人民共和国国歌的作曲者聂耳，马克思主义大众化的中国第一人、我们党思想理论战线上的忠诚战士和学者艾思奇。20世纪30年代，毛泽东率领中国工农红军长征过云南，播下了革命火种。40年代后期，中国共产党领导下的滇桂黔边纵队与中国人民解放军,在极端艰难困苦的条件下英勇作战,迎来了新中国的诞生!

这一切,催生了一系列独具特色的历史文化:史前文化、古滇文化、哀牢文化、爨文化、南诏文化、移民文化、护国文化、抗战文化、西南联大文化、红色文化等等。

这里是民族文化的富集区、民族文化多样性的活态博物馆。25个世居少数民族中有15个特有少数民族。民族文化丰富多彩、博大精深、底蕴深厚、特色鲜明。如彝族的毕摩文化,汉传、藏传、南传佛教文化,傣族的贝叶文化,纳西族的东巴文化,哈尼族的梯田文化等,还有各种各具特色的丧葬、婚姻、服饰、建筑、节日、歌舞、生态等文化形态。此外,还有各民族长期以来相互交融、相互学习、共同发展而产生的综合性文化,如茶文化、医药文化、烟草文化、驿道文化、青铜文化、石刻文化等,异彩纷呈,不胜枚举。

云南各民族的优秀文化是中华文化的重要组

成部分,是中华文化的瑰宝,是中华民族文化大花园中的奇葩。在长期的发展演变中,在红土高原上,形成了独具特色的历史文化、地域文化、民族文化,其突出特点是多样形态、多元一体、和谐共生。

在经济全球化、文化经济化、经济文化一体化的今天,文化既是社会生活方式,又是一种社会生产力,更是各民族共同的精神家园。在中国特色社会主义进入新时代的历史条件下,要深刻认识文化的作用,把精神的力量转化为物质的力量,把文化的软实力转化为高质量发展的硬实力。

习近平总书记指出:"我们要坚持道路自信、理论自信、制度自信,最根本的还有一个文化自信。""要坚定文化自信,推动社会主义文化繁荣兴盛。""没有高度的文化自信,没有文化的繁荣兴盛,就没有中华民族伟大复兴。要坚持中国特色社会主义文化发展道路,激发全民族文化创新创造活力,建设社会主义文化强国。"这是党中央赋予我们这一代哲学社会科学工作者的历史使命。承担起新时代的这一历史使命，必须在新的实践基础上，坚持以社会主义核心价值观引领文化建设制度，推动文化的创新发展；必须深入挖掘传统文化资源，从中汲取历史智慧，引导云南各族人民树立正确的历史观、民族观、国家观、文化观，推动传统文化创造性转化、创新性发展；还必须为各族人民提供丰富的精神食粮，不断满足人民对美好文化生活的新期待。

云南省社科联为贯彻落实党中央关于繁荣发展哲学社会科学的重要部署，传承弘扬云南优秀传统文化，坚定各族干部群众的文化自信，决定组织全省有关专家学者编撰出版"云南史话"系列丛书，分别为地方系列、世居少数民族系列、特色县市系列、民族文化艺术系列、重大历史事件系列等5个部分，每套丛书有20种，共计100种。这是一项规模宏大的系统工程，计划用5年左右时间完成。通过本套丛书，我们将深入挖掘云南宝贵的文化资源，认真梳理云南文化发展脉络，总结云南文化发展的特点及其规律，讲好云南文化故事，把云南历史讲明白，把云南文化讲精彩,把云南文明讲透彻,把云南经验讲深刻,使云南各族人民能够从历史中汲取智慧,从文化中获得自信,从文明中得到滋养,从经验中得到启迪,进一步增强文化自觉、坚定文化自信,正确认识和把握云南在全国发展大局中的地位和作用,立足新发展阶段,贯彻新发展理念,构建新发展格局,开创云南高质量发展的新局面,不断把习近平总书记为我们擘画的蓝图一步步变为美好现实,谱写好中国梦的云南篇章。

是为序。

云南省社科联党组书记、主席　张瑞才

2021年2月

前　言

基诺族是生活在热带雨林中典型的山地民族。传说在告别洪荒之后，幸存的基诺族先民从牛皮大鼓里面走出来，来到了杰卓山（此地被认为是基诺族的发祥地）。从此，基诺族与亚热带山林结下了不解之缘。他们生活在高山密林里，其生产生活中的一切几乎都来自大自然的赐予。

面对大自然的恩赐与约束，基诺族智慧地创造了十三年一轮的刀耕火种的农耕文化。在这个文化体系中，基诺族与森林保持着动态平衡，即在利用自然的过程中遵循适度的原则。

基诺族种茶的历史几乎与基诺族的历史一样悠久。基诺族不仅有丰富的饮茶、吃茶文化，而且有多样的制茶方法。以茶叶为媒介，基诺族与山林以外的世界保持着从未间断的联系。

　　山林不仅是基诺族的食物之源，也是人们蔽体取暖的原料来源之所。基诺族先民用树皮制作衣服和铺盖；在山地中种植棉花，搓纺成线，再用山林中的植物给棉线染色，最后织出多彩的棉布，形成了丰富的服饰文化。基诺族盖房起屋也离不开村寨周围的山林。林中的竹子、树木、茅草是基诺族建盖各式房屋最常用的材料。人们不仅用林中的植物遮风挡雨，还用其中的一些植物传情达意。

　　基诺族丰富多彩的亚热带山林文化离不开其以氏族长老制为中心的社会制度。"每个基诺族人居住的寨子，都有年岁最长的老人。就像每一座青翠的山上，都有一棵最高大的树。"氏族长老们依据物候的变化来安排整个村寨一年四季的生产生活。无论是个人的生老病死、婚丧嫁娶，还是家庭和村寨集体的事务，长老在其中都发挥着主导作用。在长老权威的影响下，一代代基诺族人从孩童走向青年、走向成年、走向社会。

前言

基诺族的集体观念是在父系氏族大家庭中培养起来的。在这个大家庭中，家长带领，家庭成员分工合作，统一生产，彼此依存。与此同时，村寨中的不同氏族通过婚姻整合在一起，凝结成一股团结的力量。村寨是基诺族社会中的基本单位，人们生于斯、长于斯、死于斯。树林掩映的村寨是基诺族人的精神归属之地。

村寨中的大鼓是人与神灵沟通的媒介物。在大鼓神圣性体现者——长老的权威之下，祭司——白腊泡掌管着人与鬼神的沟通，草医——雌师负责解除人们身体上的病痛。在基诺族村寨中，人与自然、人与社会、人与超自然的关系都十分和谐。

基诺族聚居的基诺山、补远山等地从来都不是封闭之地，茶商、马帮很早以前就穿梭于此。在与外界持续不断的交往中，基诺族了解了外面的世界，也丰富了自己的文化。

经过半个多世纪的发展，特别是自1979年基诺族被国家识别为单一民族以来，基诺族在社会经济、文化事业等方面都实现了跨越式发展。

今天，越来越多的基诺族人走出了世代生息的大山和雨林，但是无论走到哪里，山林文化依旧是他们的根基所在。在一定程度上而言，本书的写作过程就是一次对基诺族山林文化的寻根之旅，希望这样的旅程能够帮助读者打开一扇认识基诺族的窗户。

目 录

第一章　基诺族的由来与发展 /1

　　族称与族源 /1

　　神话传说时代的基诺族 /6

　　历史文献中的基诺族 /22

　　从攸乐人到基诺族 /28

　　基诺民族乡的发展历程 /31

第二章　亚热带山林中的基诺族 /34

　　基诺族的聚居之地 /34

　　刀耕火种的生计农业 /35

　　采集与渔猎的副业 /41

　　雨林孕育的民族医药 /46

　　自然质朴的传统历法 /54

　　内涵丰富的村寨名称 /55

第三章　有序和谐的基诺族社会 /69

七老政治 /69

父系大家庭 /73

古朴的亲属称谓 /75

绕考俄和米考俄 /78

第四章　日常生活中的独特创造 /82

居住文化 /82

饮食文化 /84

服饰文化 /89

第五章　基诺族的社会习俗 /103

生育习俗 /103

起名习俗 /106

成年礼俗 /116

婚恋习俗 /120

丧葬习俗 /124

节庆习俗 /126

祭祀与占卜 /128

第六章　基诺族的艺术生活 /140

回荡在山箐中的悠扬歌声 /140

以大鼓为中心的舞蹈 /147

竹木奏出的和谐之音 /155

无文字的社会记忆 /159

竹、草、藤的编织 /163

简约神秘的美术作品 /165

独具特色的民间体育 /167

第七章　基诺族与普洱茶 /170

悠久的种茶历史 /170

饮食文化中的茶 /175

祭祀文化中的茶 /179

以茶为媒的对外交往 /182

第八章　反抗暴政的基诺族起义 /185

第九章　传承与弘扬基诺文化的窗口 /194

西双版纳基诺族学会
　　——基诺族的民间智库 /194

基诺山寨——基诺族文化的耕耘者 /197

参考文献 /199

第一章 基诺族的由来与发展

族称与族源

基诺族族称的演变反映了其社会历史的变迁。关于基诺族来源的不同观点,丰富了基诺族的历史。

一、多样的族称

基诺族自称"基诺"。在基诺语中,基义为舅舅,诺义为后边或后代,基诺可释义为舅舅的后代或尊敬舅舅的民族。尊敬舅舅在基诺族现实社会中也有所体现。在基诺族社会中,舅舅的重要性和对舅舅的尊重体现在多个方面。比如:举行上新房仪式时,新房主人必须去请舅舅;舅舅有养育丧失父母的外甥直到他成家立业的义务,而外甥结婚必须征得舅舅的同意,方可举行婚礼;新郎将新娘娶回家时,要付给新娘舅舅一些抚养费或接人费;如果外甥是非婚生子,其监护权属于其舅舅,并且起名时要与舅舅连名。基诺族甚至认为儿童或青少年不思饮食时,只要吃了舅舅嚼过的饭,病症就会很快消失。

基诺族家庭

除了基诺这个统一的自称之外,历史上,基诺族还曾有攸乐、丢落、三撮毛(三作毛)等称谓。在傣文文献中基诺族被称为卡乐或卡诺。有一部分基诺族人还曾自称为本人。这些称谓的

第一章　基诺族的由来与发展

使用都与特定的时空相联系,并有着不同的历史背景。

关于攸乐这一称谓:一种观点认为攸乐其实就是基诺的谐音;另一种观点则认为攸乐是西双版纳傣仂语对基诺族的称谓,与卡乐(卡诺)的称谓相关。有学者根据文献考证认为,西双版纳傣语称在或居住为攸,称基诺族为卡乐(卡倮或卡罗),卡为奴或俘,乐为称,故攸乐即卡乐。

丢落这一称谓则源于两个传说。一个传说是诸葛亮南征到达普洱一带时,把基诺族丢落在了基诺山,故称他们为丢落;另一个传说则是傣族首领叭比沙怒把基诺族遗落在了基诺山,所以称他们为丢落。

三撮毛的称谓则见于《宁洱县采访》、《伯麟图说》、道光《云南通志》等地方志当中。这个称谓依据的是古代基诺族人头顶留的三撮头发。

本人曾是景洪市勐旺乡补远一带以及基诺山基诺族乡的茄玛、阿俄绕、洛科、银厂等寨子基诺族的自称。人们通常认为本人就是本地人的意思。基诺山其他寨子的基诺族则称本人为布忍。

二、三种不同的族源观点

关于基诺族的起源,主要有三种观点,即基诺山地区本地起源说、氐羌系民族南迁说和融合说。

本地起源说认为基诺族的发祥地在基诺山区一个叫司杰卓米的地方。这种观点的依据主要有三:其一,基诺族的创世神话《阿嫫腰白》和始祖神话《玛黑玛妞》中的记载;其二,基诺族人死后送魂路线的终点就在今天基诺山境内;其三,基诺族的风俗中还残存着血缘家族时代的遗迹,说明基诺族早在母系时代前的血缘家族时代就居住于此。司杰卓米也写作生杰左米、生杰卓米等,为基诺语,有两种解释。一种解释为:司义为木鼓,杰义为潮水,卓米义为寨子,司杰卓米就是在潮水退去木鼓落下的地方建的寨子。另外一种解释为:司义为官,杰义为数数、发现,卓米义为寨子,司杰卓米就引申为会数数的官住的寨子。另外,司杰卓米还称为亚塔亚尼,意思为阴阳不

第一章 基诺族的由来与发展

分的寨子或人鬼不分的寨子。

氐羌系民族南迁说则认为基诺族与彝族、哈尼族等彝语支民族都是古代氐羌系民族在由北而南迁徙过程中形成的民族。此种观点的依据也有三：其一，基诺族中广泛流传着基诺族在诸葛亮南征中被丢落的故事；其二，基诺族使用的基诺语属于汉藏语系藏缅语族彝语支；其三，基诺族实行的父子连名制等习俗与彝族、哈尼族等彝语支民族比较相似。

融合说认为基诺族是由基诺山的远古世居民族兼容古代氐羌系民族、汉族等逐渐发展演变而来的。这种观点的依据是：第一，基诺族与氐羌系民族、汉族在创世神话中所表达的宇宙观具有一致性；第二，考古资料表明在新石器时代基诺山地区已有人类居住，这些人类可能是基诺族来源的一部分；第三，基诺族现存文化的多元性特征；第四，体质人类学调查表明基诺族在蒙古人种中既有东亚人种又有南亚人种的成分。

总的来看，关于基诺族的起源问题，本地起

源说占据主导地位。由于基诺族没有自己的文字,追溯其起源和历史,口碑史料就显得特别重要,许多信息可以从中去寻找。

神话传说时代的基诺族

一、阿嫫腰白创造和安排了一切

基诺族和许多民族一样,有着关于世界和人类起源的神话。阿嫫腰白,基诺语,阿嫫义为母亲,腰义为大地,白义为做,阿嫫腰白即是做大地的母亲。基诺族认为,起初,宇宙间一片洪荒,不知经过多少时间,阿嫫腰白第一个来到了世间。她是一个力大无比的巨人,凭一己之力合拢了天地,安排了日月星辰,造就了高山、深谷、湖泊和平坝,并用自己身上的污垢创造了自然界中的各种动物和植物,还创造了人。

然而,世间万物被创造出来之后,世界却是一片混乱,没有秩序。于是,阿嫫腰白又造了七个太阳,准备把一切都晒死,然后重新安排。七个太阳出来后,晒死了所有的植物,因此人类和

第一章 基诺族的由来与发展

动物都没了食物,从此相互之间争斗而食,世界变得更加混乱。见此情景,阿嫫腰白决定发大水把剩下的生物全部淹死,只留下人类。为了保留人种,阿嫫腰白做了一面大鼓,把一对双胞胎兄妹(哥哥叫玛黑,妹妹叫玛妞)放进大鼓里面,并且在大鼓里放了两团糯米饭、一对铜铃、一把带鞘的小刀和一对贝壳。

阿嫫腰白安排好玛黑和玛妞兄妹之后,叫来了螃蟹和大虾,让它们把大地上的落水洞堵起来,然后呼风唤雨。大雨整整下了七天七夜,大地变成了一片汪洋,世间的生物都被淹死了,只有玛黑和玛妞在大鼓里面随着洪水漂移。洪水退后,大鼓落在了地上,大鼓里的铜铃响了起来,玛黑和玛妞用小刀把大鼓皮划开,走出大鼓,来到叫司杰卓米的地方定居下来。

后来,阿嫫腰白又把繁衍出来的人类召集在一起,给大家重新分天分地,然而,基诺族人由于住得远,没能参加。阿嫫腰白想着基诺族人没有参加分天分地,以后生活可能会艰苦,就给基诺族人留下了茶籽,从此,基诺族人就在基诺山开始种茶。分完天地,阿嫫腰白又给大家分工具,基诺族人拿了背篓和背板,这些工具在基诺族人以后的生产生活中发挥了重要作用。阿嫫腰白还为各种动物指定了生活区域和方式。安排好这一切后,阿嫫腰白派汉族人去帮基诺族造字。汉族人把字写在牛皮上,交给了基诺族人。但是基诺族人拿着牛皮过河的时候,不小心把牛皮弄湿了,于是就把牛皮拿到火上烤,烤着烤着,牛皮被烤煳了,上面的字也看不清了。基诺族人灵机一动,想着要是把牛皮吃到肚子里面去,那不就是把字也吃到肚子里面去了吗,这样就可以记在心里面了吧?于是就把烤煳的牛皮吃了下去,但是牛皮吃下去之后,基诺族人发现自己一个字也没记住,所以至今基诺族都没有自己的文字。

二、始祖玛黑与玛妞

阿嫫腰白放进大鼓中的孪生兄妹,哥哥叫玛黑,妹妹叫玛妞。玛黑和玛妞随大鼓漂落到司杰卓米,从大鼓中出来的他们发现世界上的万物都

第一章 基诺族的由来与发展

已经被淹死,大地上一片荒芜寂静。兄妹二人想到以后的生活不免有些忧虑。他们爬上司杰卓米的最高峰一起高声呼喊阿匹欧欧(在基诺语中阿匹欧欧是老奶奶的意思)。正当玛黑和玛妞的呼喊声在山谷中回荡时,一位阿匹欧欧出现在他们面前。玛黑和玛妞向她讲述了他们从洪水中逃难的经历,阿匹欧欧对他们说:"孩子们,不要担心,只要你们勤劳努力,一切都会好起来的。"阿匹欧欧给了玛黑和玛妞九颗葫芦籽,嘱咐他们分三窝种下,并告诉他们所需要的一切都会有的。

三窝葫芦种下之后只活了一窝,活的这一窝中长出了两棵苗。这两棵苗长得非常快,其中一棵三天后爬过了九座山、九条箐,可是光开花不结果。另一棵三天爬过了七座山、七条箐,又开花又结果。玛黑和玛妞兄妹俩靠吃葫芦和叶子为生。有一天,兄妹俩发现瓜藤上长出了一只奇特的葫芦。这只葫芦长得非常快,三天就长得有玛黑和玛妞住的窝棚那么大。兄妹俩精心地照顾这只葫芦,每天都要去看它成熟没有。

有一天，他们突然听见葫芦里面发出了声音，但是听不清。他们觉得奇怪还有点害怕，就去请教阿匹欧欧。阿匹欧欧告诉兄妹俩不要害怕，并叫玛黑朝着葫芦小便，玛黑觉得很难为情。阿匹欧欧用绳子系住玛黑的男根，玛黑憋住小便一天一夜。第二天，玛黑实在憋不住了，就朝着葫芦小便。这只大葫芦突然落地裂成了三瓣。第一瓣顺着山箐滚落下去，山坡上立即长出了花草树木。最先长出来的是小草和小树，都长在山顶上，显得十分矮小，越往下滚长出的树越粗，滚到箐边上长出来的便是几人合抱的大树了。

第二瓣滚到之处生出了各种动物。最先出来的是四只脚的动物，滚到半山坡时出来的是蟒和蛇，滚到箐里生出了鱼虾等水中的动物。

第三瓣滚下生出了各种禽鸟。最先生出的是鸽子，最后出来的是鸡。鸡生出之后整天围着玛黑和玛妞转，成了最早的家禽。

从此之后，只有活着的人和死去人的鬼魂会讲话，山、水、野兽、树木等都不会讲话，野兽

第一章 基诺族的由来与发展

魂、树木魂不会讲话,河水鬼、箐鬼、石头鬼也不会讲话。人们砍伐树木建造房子,以捕猎野兽、采集野果为生。玛黑第一次砍树的时候,系住他男根的绳子忽然掉下来变成一条狗跑掉了。从此以后,人们在砍树前都要杀一条狗来祭树神,并用狗血涂在树干上;盖房子竖起立柱时也要杀一条狗并把狗血涂在立柱上。因为狗的资格比树的资格老,杀狗来祭树,人再去砍树树神就不会生气了。

世界恢复了生机,玛黑和玛妞辛勤地劳作,过着幸福的生活。兄妹俩邀请阿匹欧欧和他们一起居住生活,阿匹欧欧告诉他俩说:"我和你们不是一样的人,不能居住在一起。有事情再来找我吧。"说完就离开了。

玛黑和玛妞在司杰卓米生活了很多年,逐渐长大成人,玛黑英俊,玛妞漂亮。他们俩到了成婚的年龄,可司杰卓米只有他们两个人,玛黑提出和妹妹结婚,玛妞说兄妹不能成亲。玛黑想出了一个办法,他对妹妹说:"山寨往外的岔路口有一位策资乌布鲁（白发老人），你去问问。如果他反对，我们就不能结婚；如果他支持，我们就可以结婚。"玛妞答应了，便去询问策资乌布鲁。玛黑等妹妹离开，马上化装成一个白头发白胡子的老爷爷，抄近路在妹妹到达之前赶到岔路口。玛妞到了岔路口，见到玛黑装扮的策资乌布鲁，便问道："阿比啊，世上只有我和哥哥，我们没有别的亲人了，为了我们的后代，我们能不能结婚啊？"玛黑装作老年人的腔调说："你们完全可以结婚。"玛妞听了很高兴，告辞回家。玛黑又抄近路在玛妞到家之前先回到家中。这样，兄妹俩就成亲了。

一年以后，玛黑和玛妞生了一个孩子，但是他俩都不知道怎么抚养孩子，于是把孩子放在草棚里。草棚的椽子上有一窝山蜂，孩子的哭声惊动了山蜂，山蜂群起吃掉了孩子。玛黑和玛妞很伤心，哭着去找阿匹欧欧。阿匹欧欧看他俩可怜就搬来和他们一起居住了。阿匹欧欧花了很长时间传授给他们生产生活方面的知识和技能，据说

第一章 基诺族的由来与发展

为此她坐烂了九个用牛皮编成的凳子。

后来,玛黑和玛妞又生了三男三女,这些孩子都很健康地长大成人了。三个兄长分别娶了三个妹妹,三对兄妹又分别有了自己的孩子。他们围着阿匹欧欧,请求老人给他们的孩子起名儿。阿匹欧欧看了看门外的一株参天大树说道:"老大的后代叫乌优,意思是树尖;老二的后代叫阿哈,意思是树杈;老三的后代叫阿西,意思是树枝。"乌优、阿哈、阿西就是今天基诺族的三个支系。

阿匹欧欧看着天地万物都井然有序,玛黑和玛妞的后代人丁兴旺,就平静地离开了人世。玛黑和玛妞也日渐苍老,但他们还保持着辛勤劳作的习惯。有一年雨季,玛黑和玛妞一起到山林中采集野果。他们去的那片山林离家较远,只好在林子里煮饭吃,两人在一个蚂蚁堆上插了一根木桩,没想到这根木桩竟然生根发芽了。玛黑和玛妞觉得很奇怪,回到家中即腹痛难忍,随后腹泻不止,不久就病逝了。从这以后,基诺族人都忌讳在蚂蚁堆上打木桩。

三、人鬼分家

基诺族在司杰卓米居住的后期,玛黑和玛妞的后代逐渐增多,可猎捕的野兽和可采集的野果越来越少。再后来,人们必须翻过九道山梁、越过九条箐沟才能获得一天的食物。那时候的人们去世之后,灵魂还要居住在家中,但是鬼魂是不劳动的,他们整天除了吃喝就是睡觉、和人聊天,活着的人负担越来越重。

有一户人家,他们的独生儿子死了,老两口伤心至极。他们安葬了儿子没过几天,儿子变成鬼魂回来了。老两口非常高兴,每天都给儿子准备最好的肉、最好的野果。日子和以前一样一天一天地过着,唯一的不同就是儿子不再上山打猎,也不再进林子采野果了。老两口日渐衰老,养活自己都已经很困难,更不用说养活儿子的鬼魂了。有一天,阿嬷拿出一个南瓜对儿子说:"儿子啊,我们已经老了,没有办法再养活你了,你拿了这只南瓜到你应该去的地方去吧,南瓜不烂你不要回来,等南瓜烂了你再回来吧。"儿子的鬼魂拿着

第一章　基诺族的由来与发展

阿嫫给的南瓜走到寨门外等着。等了一天又一天，南瓜就是不烂，足足等了三十天，南瓜还是没有烂。儿子等得不耐烦了，就找了一块尖尖的石头把南瓜敲烂了，于是他又回到了家中。

儿子回到家中，和以前一样只是吃喝不干活。又过了很久，阿布抬出一个冬瓜对儿子说："儿啊，这次你拿这个冬瓜回去，冬瓜不烂你不要回来啊。"儿子抬着冬瓜到寨门外等着，等了一个月冬瓜不烂，等了三个月冬瓜还是不烂。儿子等得不耐烦了，找了一块扁扁的石头将冬瓜砸烂，又回到了家中。阿嫫见儿子又回来了，又是心疼又是无奈，她对儿子说："儿子啊，你帮我和你阿布做点事情吧，要不然我们没有东西给你吃了啊。"儿子说："阿嫫啊，我是死去的人了，死去的人只是鬼魂，不能干活啊。"阿嫫想来想去还是觉得得让儿子的鬼魂去他应该去的地方。于是，阿嫫到地里挖了一筒帕（挎包）生姜，拿回来对儿子说："儿子啊，我现在什么吃的都没有了，这有一筒帕生姜，如果你今晚能把它吃完，我以后还是养着你，如果吃不完你还是走吧。"儿子的鬼魂只好试着吃阿嫫给的生姜,吃了一半就被辣得满头大汗,肚子也痛得受不了。正在破竹篾的阿布说:"儿子啊,你不要吃生姜了,我给你编个东西,你能把上面的洞洞都数清楚,你以后想回来就回来,要是数不清楚你就出了寨子,再不要回来啦。"阿布随手编了一个六边形的竹篾片给他。儿子怎么也数不清上面的洞,没办法只好出了山寨。这六边形的竹篾片就是现在基诺族人用来驱鬼的达流,基诺族人还保留了用生姜来辟邪的传统。

寨子里的各家各户中都有亲人的鬼魂居住,受鬼魂的拖累活着的人负担越来越重,大家在一起商量安置鬼魂的办法。最后,大家一致决定活着的人离开司杰卓米寨子,把这个寨子留给鬼魂居住,人们去别处建立新的寨子。人们杀猪、杀鸡并拿出最好的食物请鬼魂们大吃了一顿,又用大象驮来了两块大石头,每块石头都有几百斤重。人们和鬼魂们订下了规矩:石头不烂,鬼魂们就不能回到人们居住的寨子,否则就让他们吃生姜、数达流。人鬼就这样分家了。这个规矩一直流传下来,直至近代,基诺族许多山寨仍保留着在寨门外安放大石头的传统。

人鬼分家在基诺语中被称作聂依策依别开,不仅人们要和死去先人的鬼魂分家,而且山神、天鬼、地鬼、河鬼、鸟兽魂等也成了分家的对象。寨子外面的山林、溪流、水潭等地由鬼管辖,属于祖先鬼魂的财产。寨门以内的地盘才归人管辖,寨子里面的鸡、猪、牛等家禽家畜由人饲养,属于人的财产。祖先的鬼魂管辖和饲养的山林和野兽比人们的多得多,人们想要出去猎获野兽、砍伐树木,应当先把自己养的鸡、猪、牛等献给祖先的鬼魂享用,祖先的鬼魂才把它们管辖的动物等放出来供人们捕获。因此,祭祀仪式在过去基诺族人的狩猎和砍伐等活动中占有很重要的地位。

四、迁出司杰卓米

人鬼分家之后,基诺族先民的三大支系从司杰卓米迁出。从此,司杰卓米成为祖先神灵居住的地方。

在迁徙途中,阿西、阿哈走在前面,乌优走

在后面。在过小黑江的时候,乌优支系的人们从江中捕了一些螃蟹作为食物。他们因为煮螃蟹费了很多时间,耽误了行程。走在前面的阿西和阿哈在路旁插下芭蕉枝作为路标。乌优支系的人们赶上来时,发现作为路标的芭蕉枝已经长得枝叶繁茂,就认为阿西和阿哈已经离开很久了,他们再怎么追赶也很难赶上了,于是,乌优支系的人们就在小黑江沿岸和上游居住下来,建立了新寨。阿西和阿哈两个支系的人们渡过小黑江,继续向西走,进入了杰卓山,在杰卓山建立了新寨。其中,有小部分乌优支系的人也跟着进入了杰卓山。杰卓就是从司杰卓米前来的人。

相传进入杰卓山之后,基诺族的村寨发展迅速,杰卓山里的大寨子有石板铺成的街道,有较大的酒坊和制造陶器的作坊。基诺族人在杰卓山居住的后期,铁器传入并且有了特懋克打铁节,农业、手工业和商业都有了快速的发展,社会形态也逐渐发生改变,宗教生活中祖先崇拜的成分逐渐得到强化。正是在这一时期出现了巴什内婚禁忌,发生了明显的社会形态转变。

上述传说大致描述了基诺族的居住地以及迁徙路线:司杰卓米—杰卓山和小黑江沿岸—基诺山。

五、被"丢落"的误解

基诺族被称为攸乐,有一种说法认为攸乐是丢落的音变,故基诺族人也被称为丢落人。

传说三国时,蜀国丞相诸葛亮率大军南征到普洱一带。在一次行军途中,有几个士兵贪睡被丢落在路旁,等他们醒来时,发现军队已经走远了。他们日夜兼程追赶大军,最后在西双版纳的小黑江边赶上了队伍,但是军队已经过了江。诸葛亮为了严肃军纪不再收留他们,但为了让他们能够生存下去给他们留下了茶籽和棉籽,叫他们就在此地以种茶植棉为生。于是,这些人就在基诺山一带开始了定居生活。诸葛亮临走的时候,还留下了自己的帽子,命他们按照帽子的式样建盖竹楼居住。后来,基诺山的这些"丢落人"渐渐变成了"攸乐人"。

另外，在西双版纳傣族的传说和记述中，也有基诺族被丢落的故事。据说基诺族曾是傣族首领叭比沙怒的士兵。一次军队行军在基诺山过夜，第二天一大早，军队已经开拔，而起床比较晚的基诺族士兵就被丢落在了基诺山。因此，他们就被叫作"丢落人"。

据历史学家考证，诸葛亮南征的军队并没有到达过西双版纳一带，显然也就不可能把士兵丢落在此地，基诺族被"丢落"之说是一种历史的误会。傣族首领叭比沙怒把基诺族丢落在基诺山之说，则更显牵强。一方面基诺族中无人知晓叭比沙怒是何许人；另一方面基诺族与傣族相邻而居，但在体质特征和文化形态上的差异都比较大，并且基诺族与傣族各自的民族认同也是不一样的。之所以会出现基诺族是被傣族首领丢落之说，是古代居于统治地位的民族对其统治合法性的一种解释。

六、基诺族姑娘与傣族召片领的传说

基诺族与傣族相邻而居，相互交往的历史是

第一章 基诺族的由来与发展

比较早的。在两个民族交往的历史上,最让人称道的是基诺族姑娘与傣族召片领的爱情故事。召片领,傣语音译,义为广大土地之主,旧时西双版纳地区的最高封建领主。

据西双版纳傣族《泐史》记载:

> 有一老族女子,得一宝曰三尾螺,怀往景兰市场,适刀坎往学于市,见老族女子,非常中意,遂娶为后,喜极。久之,后犹无所出,乃谓刀坎曰:"我主,大概因吾父母山居之故,致不有子。拟请制一摇篮,全部包以黄金,交干爹往招子魂。"刀坎依嘱即制一摇篮,并全部包以黄金,交其抢至岳父母所在之蛮雷祈子。无何,后果生一子,丽极,因名之曰刀暹答。一日,后偶至日台,出三尾螺,忽失手坠楼下,适有一花颏猪走过,竟将三尾螺吞食之。自此,刀坎对后遂觉厌恶,将他送往蛮雷岳父母处安置,命村人善为照顾其子,种山地为生,免村人贡礼杂差

等,但不许出山。至刀暹答年有五岁时,其父方带回一同居住。

20世纪80年代,傣族学者考证认为《泐史》中记载的老族女子,即为攸乐族(基诺族)姑娘。因此,《车里宣慰世系简史》把《泐史》中提到的老族女子直接称为攸乐姑娘。这说明这个故事得到了两个民族的共同认可,是两个民族历史上友好往来的重要例证。

历史文献中的基诺族

20世纪50年代以前,在中国浩如烟海的历史典籍中,提及基诺族的文献并不多见,而且仅有的一些记载也往往是辗转抄录。即便如此,通过对这些历史文献进行梳理,我们还是能逐渐走近与特定时空相联系的基诺族。

目前,汉语文献中与基诺族相关的可考记载最早见于雍正《云南通志》卷五《疆域·普洱府》,其中记载了基诺族聚居的基诺山即攸乐山的地

第一章 基诺族的由来与发展

界与范围:"府南六百五十里为攸乐,东至南掌界七百五十里,西至孟琏界六百里,南至车里界九十里,北至思茅界四百四十里。"卷二十六《古迹·普洱府·攸乐》还对基诺山区孔明山上的祭风台进行了介绍:"祭风台:在城南六茶山之中,登其上,可俯视诸山,相传武侯于此祭风。又呼为孔明山。"而在《附录》的"形势"中还对基诺山的地形进行了描述:"攸乐:地衍平川,天开旷野,芟除荆棘可比成赋中邦。"由此,我们可以推知攸乐作为一个地名至少在雍正朝之前已存在。

此后,道光《云南通志》对基诺族的记载比以前的文献又有所增加。卷二十三《地理志》三之十三载:"六茶山,《旧云南通志》一曰攸乐,在同知治所。"卷三十四《建置志》一之四"普洱府"载:"雍正七年裁元江通判,以所属普洱等处六茶山及橄榄坝江内六版纳地设普洱府,又设攸乐同知分驻攸乐,通判分驻思茅,其江外六版纳仍属宣慰司,岁纳粮银于攸乐。"卷一百三十六《秩官志》七之六"普洱府"载:"思茅厅攸乐土目案册管村寨

· 23 ·

三十二,东至蛮海一百二十里,南至思通六十里,西至蛮撇三十里,北至孙牛四十里。雍正十年裁撤普安营,汛兵公举叭龙横管理附近村寨,传至刀直乃,乾隆四十五年袭。"卷一百八十七《南蛮志·种人》六之十"三撮毛"载:"《宁洱县采访》三撮毛即倮黑派,其俗与摆夷、僰人不甚相远,思茅有之。男穿麻布短衣裤,女穿麻布短衣筒裙。男以红黑藤篾缠腰及手足,发留中左右三撮。以武侯曾至其地,中为武侯留,左为阿爹留,右为阿媒留。又有谓左为爹媒留,右为本命留者。以捕猎野物为食,男勤耕作,妇女任力。"

通过道光《云南通志》的记载,后人不仅知道了出产茶叶的攸乐山,而且还可以看到至清朝中后期,中央王朝为了加强对六大茶山之一的攸乐山的茶叶贸易的管理,在此地推行改土归流,设立攸乐同知。随着攸乐同知的设立,攸乐从一个概念化的地域范围发展到管理村寨三十二个,有的村寨名称一直沿用至今,如蛮秀即今日之曼秀或巴秀。

第一章 基诺族的由来与发展

还有多部云南地方志也记载了基诺族的一些情况。道光年间王崧撰的《云南志钞·边裔志》记录了茶山土民的情况,其中就包括攸乐山。道光年间李熙龄修的《普洱府志》卷十七记载了攸乐山(基诺山)的漫夺(巴朵)、漫坡(巴坡)等寨;卷十八"土司"附"种人"对基诺族的族称、生产和生活等进行了简要介绍;卷十九"七言律"中的几首律诗提及诸葛亮及攸乐古城;卷二十"古迹"提及祭风台。檀萃辑的《滇海虞衡志》卷二十一"志草木"记载了作为六茶山之一的攸乐。刘慰三撰的《滇南志略》卷三之"普洱府"下记载了三撮毛的分布、风俗等情况。嘉庆年间师范纂的《滇系》较为详细地记述了雍正五年(1727年)官军至攸乐茶山一带追捕麻布朋等人,受当地居民围困的事情。倪蜕撰的《云南事略》对攸乐的行政区划演变有较多记载。其他相关史料还有《清世宗实录》、《筹酌普思元新善后事宜疏》、《清史稿》卷七十四、道光《云南通志·武备志》、《续云南通志稿》卷五十四等。

除了单纯的文字记载之外,还有一些绘有图画并配以文字解说的文献也记载了基诺族的情况。如李诂撰的《滇南夷情汇集图册》(下)载有基诺族的图文解说。佚名辑绘的《云南种人图说》同样载有三撮毛的图文解说。此类文献为后人考证基诺族族称的演变提供了直观的证据。

时至民国,研究和记载基诺族的文献并没有增加多少,仅有少量著作关注到了基诺族。其中,李拂一的专著《车里》专门介绍了基诺族的族称、居住区域、风俗习惯等情况。《十二版纳纪年》则对曾经在基诺山地区设置的攸乐同知的沿革和基诺族起义等做了详述,特别是对1941—1943年基诺族起义一事,作者从历史文献中引用大量材料进行了详细记述。在该书《附录》的民族表中载有攸乐人的分布及其占所在地区人口的比例统计。此外,李拂一编译的傣族史料《泐史》中"刀坎"条目之下记载的传说大致可与基诺族的传说《扫基与召片领》相印证。姚荷生著的《水摆夷风土记》一书中有《上攸乐山》和《漫谈攸乐人》两篇文章记录

第一章 基诺族的由来与发展

基诺族的情况。

总体而言,20世纪50年代以前的历史文献对基诺族或基诺族文化的记载都比较简略和零星,仅通过这些文献人们对基诺族还不能形成一个清晰完整的认识。当然,这些文献中关于基诺族的族称、居住地、行政归属、生产生活和风俗习惯等的记载,为后世认识和研究基诺族提供了线索,因此显得弥足珍贵。

真正对基诺族开展研究是从20世纪50年代开始的,特别是1979年基诺族被识别为单一民族之后,关于基诺族的著作更是不断涌现。截至2020年,已经有四十多本专著、一千多篇论文和文章专门以基诺族为研究对象,内容涉及其族源族称、体质特征、民族心理、历史发展、生态环境、生计形式、社会组织、仪式信仰、婚姻家庭、亲属制度、社会性别、歌舞音乐、纺织刺绣、建筑、饮食习俗、教育卫生等方面。通过这些文献资料,外界对基诺族能够有一个较为完整的认识。

从攸乐人到基诺族

1950年6月,中央人民政府决定派遣中央访问团访问国内各少数民族。中央访问团访问的目的有二:其一,宣传新生政权的民族政策;其二,了解和摸清各地少数民族的情况。在此背景下,1951年三四月访问团的西南访问团二分团到了基诺山的巴亚寨访问。接着在1951年初,中央访问团二分团对基诺族进行了初步调查,调查所得资料由胡鸿章整理为《车里攸乐人(基诺族)》一文,收录在1983年5月出版的《傣族社会历史调查·西双版纳之一》一书当中。这次调查并没有对基诺族的民族归属作出结论。

此后,在1951年云南省人民政府民族事务委员会制印的《云南省兄弟民族人口分布初步统计》(内部参考资料)中记载:"民族:攸乐——有的地区称'本人'。人口:四千四百余人。分布地区:云南省,聚居于车里、镇越的攸乐山及思茅边境。建政情况:普洱专区已成立民族民主联合

第一章 基诺族的由来与发展

政府。经济情况：农业经济，农耕技术简陋，作物以苞谷、棉花为主。土地属于全寨公有。在攸乐山者二十八寨。在本寨范围内，每家可以自由选择耕种，仅蛮雅一寨因接近汉族土地有私有权。文化情况：有自己的语言，语言风俗习惯近似卡佤，崇信多神及孔明。备考：有谓系卡佤的一支。"显然，当时对于攸乐人的社会历史尚没有一个定论性的认识。1958年11月7—23日，全国人大民族委员会云南少数民族社会历史调查组彝族分组派遣杜玉亭与路南圭山彝族知名歌手金国富赴基诺山识别聚居于此的基诺人是否为彝族的支系。

在对基诺山寨进行调研的基础上，他们写了一份翔实的调查报告，但在基诺人的民族归属上仍没有定论。1958年11月26日至12月9日，杜玉亭一行又对基诺山寨进行了二次调研，写出了《社会主义改造前的攸乐山的攸乐人》。这份报告包括攸乐人概况、族源与族别、改造前的社会、社改后的状况、民族关系等五个部分。金国富在《攸乐人与彝族二百个词汇对照》报告中指出，基诺语与彝语之间仅有两百个词语有一些相同,多数词语则不同。1958年时值"大跃进",后来又历经"文化大革命",基诺人的识别工作就被搁置下来了。然而,经过两次调查,基诺人不属于彝族支系的"种子"已经在杜玉亭先生的心中萌发,为他后来坚持识别基诺人为单一民族奠定了深厚基础。

1977年,四川省民族研究所的李绍明邀请杜玉亭参与编写《凉山彝族奴隶制社会》一书,对基诺人进行识别的机会又出现了。此时,杜玉亭再次提出对基诺人识别的学术价值,并取得多方赞同和支持。随后,四川、云南和北京三地二十余位从事民族学、历史学、语言学、宗教学、考古学的学者组成了基诺人识别调查组。经过实地调查,调查组作出了结论,于1977年11月18日至12月4日由杜玉亭执笔完成了《基诺人的民族识别报告》。1978年年初,这份报告上报云南省民委。1979年5月31日,国务院对基诺族为我国单一民族进行了确认,1979年6月6日正式对外公布。至此,攸乐人正式成为基诺族。

第一章 基诺族的由来与发展

基诺民族乡的发展历程

1950年2月17日,西双版纳州全境解放,基诺山地区归属勐养管辖。1951年三四月间,中央访问团第二分团到达西双版纳州慰问,分团的一个小组到了基诺山慰问基诺族人民。1954年,云南省民族工作队组建山区民族工作队,派遣十五分队共二十四人到基诺山开展民族工作。工作队的主要任务是摸清基诺山有多少寨子、地理方位如何、其间有几个民族聚居以及人口数量等情况。工作队在头人及群众中广泛宣传党的民族政策,通过上层联系教育群众,做好事,交朋友。工作队队员还掌握了一般的医疗常识,每到一个寨子,就给生病的群众看病,帮助群众打扫卫生、背水、砍柴等。民族工作队的工作点随着区政府的建立而撤销。基诺山卓巴长老沙车回忆,民族工作队设的四个点,分别为司土、巴卡、巴来、洛特,后来基诺山区政府建立后,四个点即为基诺山区最早的四个乡(相当于后来的行政村)。民族工作队进入基诺山区之后,在宣传党和政府的各项政策的同时,还帮助基诺族人民建立互助组。1956年3月,西双版纳州第一次人民代表大会决定对阶级分化不明显的基诺山等六个山区及其边缘山区不实行和平协商土地改革,而是在进行一些民主改革的基础上,直接地、逐步地过渡到社会主义。1957年2月23日,基诺山建立了攸乐山生产文化站,后改名为基诺洛克生产文化站。1958年2月,基诺洛克生产文化站划归景洪县,改名为基诺洛克区,下辖巴亚等五个乡。1958年,基诺山区逐渐开展了"大跃进"、人民公社化运动。1958年10月,基诺山区建立了基诺洛克人民公社,实现了农业合作化。1969年3月,基诺山组建了人民公社、大队、生产队三级组织。1981年3月,基诺洛克人民公社革命委员会改名为基诺洛克公社管理委员会。1983年冬,撤销基诺洛克公社管理委员会,设立基诺山区公所。1988年,又改为基诺山基诺族乡,仍隶属于景洪县。1993年12月,景洪撤县设市,基诺山基诺族乡隶属于景洪市至今。

第一章 基诺族的由来与发展

基诺族主要聚居村寨一览表(截至2018年)

村寨名称	所属村委会	所属乡镇	所属县市
巴卡新寨、巴卡老寨、巴卡小寨、银厂小寨、银厂下寨、银厂上寨、洛科新寨、洛科大寨、巴别	巴卡村民委员会	基诺山基诺族乡	景洪市
扎果、扎吕、巴亚中寨、茶地、巴亚新寨、巴坡	巴亚村民委员会		
普米、阿窝饶、巴贵、洛特老寨、洛特二队、普细老寨、毛娥老寨	洛特村民委员会		
巴飘、巴朵、司土新寨、么卓、洛特新寨、亚诺	新司土村民委员会		
迁玛、少妞、毛娥新寨、巴亚老寨	茄玛村民委员会		
巴来下寨、巴来中寨、巴来小寨、小普希、巴奎、大巴洒、小巴洒	巴来村民委员会		
司土老寨、司土小寨、巴洒二队、巴秀、阿婆、回珍、回鲁	司土村民委员会		
科联、坝干、坝南、清水河、白花林	补远村民委员会	勐旺乡	

第二章 亚热带山林中的基诺族

基诺族的聚居之地

相传基诺族迁离发祥地之后,陆续来到基诺山和补远山等地居住。时至今日,这两个地方仍然是基诺族最主要的聚居地。

基诺山,也称攸乐山。基诺山所指的范围有广义和狭义之分。狭义的基诺山或攸乐山仅仅指当前基诺山基诺族乡政府所在地的那一片区域。广义的基诺山则包括基诺山基诺族乡所辖的整个区域。

广义的基诺山地处西双版纳州景洪市东北部,南部与景洪市勐罕镇交界,西部与景洪市勐养镇相连,北部与景洪市大渡岗乡毗邻,东部与勐腊县勐仑镇相邻，总面积622.9平方公里。

补远山区位于景洪市勐旺乡的南部。全区境内多高山、河谷，极少平地，属于典型的山区。

刀耕火种的生计农业

如果翻阅中国农业史方面的文献，我们就会发现一种称为"畲"的生产方式和用这种生产方式耕种的"畲田"，其实这就是通常所说的刀耕火种和刀耕火种地。基诺族类似于"畲"的刀耕火种农业起源比较早，而且延续的时间也比较长。这种生产方式看似简单，事实上也是由多道工序组成的，并且其前提是山地为村寨共有或氏族共有。

在基诺族村寨中，土地所有制可分为村寨、氏族、私人等三种，其中氏族土地所占比例最大。各个村寨氏族的数量不一，少的只有一个，多的达七八个，因此，各个村寨土地的使用情况也不尽相同。在由两个以上氏族构成的村寨中，各氏族的土地之间都有明显的划分标志，如箐沟、山头等自然物。村寨与村寨之间也有明确的地界。

一、备 耕

每年农历正月前后,基诺族村寨就要在长老的主持下举行备耕仪式了。备耕仪式包括祭祀大鼓、修打铁房、打铁等内容。备耕仪式举行的日子被基诺族称为"特懋克"。各家各户在备耕仪式之后,则会开始制作或修理生产工具等工作。

二、号 地

备耕工作结束之后,各户的家庭成员就可以到计划好的本氏族的某几块已经达到休耕年限的林地中做记号,表明占有某块土地接下来的使用权。号占山地的方法,是在自己想要的地块四周较显眼的树上,用刀砍出一个缺口,然后塞入树枝或扫把花秆作为标记。当其他号地的人看到这些标记之后,就不会再选择这块已被做过标记的地块了。当然,号地这项工作在不同的基诺族村寨会有一些差异。如在巴亚寨,人们号地要尽量找到自己曾经种过的地块,亚诺寨则是尽量不选曾经耕种过的地块。每年的号地,其实就是土地使用权的一次重新分配。

三、砍 地

各家各户选占好自己要耕种的地块之后，土地的分配工作就结束了。接着各户就要在自己的地块上开始砍地。正式砍地之前还要举行砍地仪式。这个仪式在特懋克后的第一天由村寨长老卓巴和卓色主持举行。在这一天早上，两位长老要到村寨附近的林地里面象征性地砍倒几棵树，拉开全寨砍地的序幕。正式砍地通常是在农历正月，各户在砍地之前，需要在林地中挂几个达流（一种用篾条编的六边形的网状辟邪物），并在原有的窝棚前栽种一些姜和芋头，据说这样可以起到驱鬼辟邪的作用。接着，就把地块内的大部分树木和杂草都砍倒、除去，并置放于地块之内，让太阳暴晒使其干枯，同时留下很小的一部分林地不砍。正月底，卓巴和卓色还要主持举行砍地结束仪式。仪式内容主要是两位长老各自在自家的晒台楼梯口摆设祭品，献祭祷告。仪式结束后，各户再把尚未砍伐的林地全部砍掉。

四、烧 地

烧山地一般在每年农历的二三月间。正式烧

地之前要在砍好的地与旁边的林地之间修筑宽10余米的拦火道,以防放火烧山地时殃及其他山林,还要对山鬼(神)、树鬼(神)、风鬼(神)、火鬼(神)进行献祭。另外,还要请一名证人来监督烧山地的过程。烧地正式开始后,人们点燃山地中干枯的树枝和杂草,让其在熊熊烈火的焚烧下化为灰烬、成为天然的肥料。

五、捡 地

山地烧过后,可能还有一些枯木和杂草没有烧尽、烧透,因此各户还要在地里面捡拾一遍,把没有烧尽的枯枝和杂草集中在一起再次焚烧或移到地外。与此同时,把地里的草木灰撒开,并平整这块地。

六、盖窝棚

农历三月初,烧地和捡地之后,各户要在新烧的地块旁边建盖窝棚,作为劳作之余休息、饮食的场所和守护庄稼的住所以及稻谷收获后的临时储藏室。在盖窝棚之前,卓巴和卓色也要分别在自己家晒台楼梯口处摆设贡品献祭,之后村民才可以到各自的地头旁盖窝棚。

第二章 亚热带山林中的基诺族

七、播 种

农历三月底四月初,基诺族村寨要杀牛祭祀,以祈求丰收,并分肉而食。同时,还要在卓巴的主持下举行播种仪式。举行仪式的那天,天刚蒙蒙亮卓巴便在自己家的晒台上,手持点播棒,一边象征性地做着点播动作,一边向天祈祷。这边仪式结束之后,各家还要在地里面杀鸡献祭,并且要在窝棚前面种上姜、芋头、荆芥花和鸡冠花等,企望驱鬼辟邪,接着才能在地里陆续播种旱稻、棉花、玉米、黄豆等作物。播种时,家户之间相互帮忙的情况较常见。

八、修围栏和除草

播种结束后,等旱稻开始出苗,各家各户就要在新种的地四周围上栅栏,防止野兽和家畜破坏庄稼,并随时维修,一直到庄稼收割完毕。农历五月至八月,在修建围栏的同时,地内除草也是一项必做的工作。通常采取手拔、镰刀割和芟刀砍等方式,每年通常要除草三次。

九、收 割

农历七月,当旱稻已经接近成熟,各家要到

地里采回一些稻穗，以供奉寨神和祖先，此谓吃新米仪式。仪式之后，到农历八九月份，一部分旱稻开始成熟，部分玉米、棉花也开始收获。农历十月，旱稻大面积成熟，开始了全面收割、脱粒工作。此时，玉米、黄豆、棉花、花生、高粱、芝麻、苏子、瓜类也都进入了收获的季节。农历十一月，庄稼收割完毕。

十、归 仓

山地里种植的旱稻收割、脱粒后，通常先放在地里晒干，晒干后放置在地棚里或专门建盖在地中的粮仓里，还有一部分背回寨子，储藏在自己家的粮仓里。稻谷入仓之后，还要举行叫谷魂仪式。仪式举行的这天早晨，人们背着鸡、银手镯、红线、竹烟盒、荆芥花、鸡冠花等物品到地里，将它们放在地上献祭。然后高声喊叫，请谷魂回到粮仓里去。至此，一年的劳作宣告结束。接下来，村民们马上又要开始为新一年的农业耕作做准备了。

由于海拔、土壤和耕种作物的不同，各个村寨刀耕火种农业生产开展的时间会有一些差异。

第二章 亚热带山林中的基诺族

即使是同一村寨,在不同年份,农业劳作各个环节开展的时间也不尽相同。

基诺族的刀耕火种农业,在早期被称为一茬轮歇耕作制农业。这种农业需要足够大面积的山林来保证土地耕种一年后即抛荒轮歇。通常此类农业的轮歇周期为十三年,故一个村寨至少需要十三片大山林。随着人口的增长、森林的减少,刀耕火种这种农业形式的维持变得愈发困难,土地轮歇的周期也随之变短。一茬轮歇耕作制农业逐渐演变成了轮歇轮作制刀耕火种农业。随着农业基础设施的增加、经济作物种植面积的增大、自然保护区的划定等,可用于耕作的山地不断减少,要在从事刀耕火种农业的同时还保持山地森林生态系统的平衡变得越来越困难。退耕还林,放弃刀耕火种,在山地中寻找新的生计和致富方式,是基诺族维护和改善生存环境的必然选择。

采集与渔猎的副业

山林是基诺族的生存之源、衣食之本。除了

刀耕火种之外，发生在山林中的采集和渔猎也是基诺族传统社会中的重要生计方式。

一、采　集

每当耕作之余，基诺族妇女都会相约到山上进行采集。在基诺族生活的山林中，有上百种植物的根、茎、叶、果子可供采摘食用，还有众多昆虫也可以成为人们的盘中餐。

在这些食物中，块根类既是菜食，又是饥荒年月中的主食。野菜一年四季都有可采食的种类。雨季中的食物最为丰富，菌类和竹笋主要在雨季采集。竹笋还可加工贮存，随时食用，成为基诺族日常的食物。野果采回来后多生吃，可食用的昆虫则能够补充营养。

每次采集回来的野菜、果子或菌子一般仅为一家人一两餐的食用量，很少囤积贮藏。随着市场经济的发展，人们生活水平不断提高，崇尚自然的人们对山野食材的需求量逐渐增大，基诺族人上山采集的主要目的也渐渐由自己食用变为供应市场。采集的数量逐渐增大，山林面积却不断减少，这使得采集比以前困难了许多。

基诺族经常采集的植物和昆虫一览表

经常采集的种类	代表性植物或昆虫	采集的时间
块根	四棱、青山药、绿山药、硬壳山药、黄山药、蓑衣包、山堆堆、山羊头、黄金、芭蕉根、魔芋、藤萝卜	一年四季
野菜	象耳朵菜、青树、犁板菜、野荞菜、刺菜、细苦菜、水芹菜、薄荷、苦凉菜、火草叶、谷杈草、奶浆草、干结结菜、马蹄跟、树头菜、火筒叶、白花、炮仗花、芭蕉、烂潭菜、鱼腥草、野豌豆、野细豌豆、臭菜、麻芋秆、野猫花、香椿、鸡屎绿叶菜、甜草、董棕、藤篾、大苦藤叶、细苦藤叶、刺五加、苦列留、大刀豆、车皮藤、麻根、橄榄皮、各种竹笋	一年四季

续 表

经常采集的种类	代表性植物或昆虫	采集的时间
菌类	蚂蚁骨堆骨菌、鸡圦、奶浆菌、大红菌、小火炭菌、大火炭菌、辣菌、马皮包、牛舌头菌、木耳、半个菌、筛子菌、白参、酸菌、八大柴、脆脚菌	每年6—8月最多
野果	杙果、毛荔枝、三瓣果、歪屁股果、酸布灵、阿利阿思、涩布拉、哈旦、禾努、大酸苔、黄桑果、羊屎果、鸡嗉果、象耳朵果、白叶黑、青果、山多衣、涩梨、乌鸦果、蔑不榴果、金凉果、细酸苔、狼仓果	一年四季
昆虫	知了、油虫、蜘蛛、蚂蚱、飞蚂蚁、油肚子蚂蚁、蚂蚁蚕、牛屎螳螂、蟋蟀、竹虫、酸蜂	一年四季

二、渔 猎

在基诺族生活的高山密林中,生活着众多的飞禽走兽。狩猎而食,是过去基诺族必要的生存技能。

第二章　亚热带山林中的基诺族

过去的基诺族男子，从孩提时代就开始学习各种狩猎方法，十五六岁就已经能熟练掌握各种狩猎技术，到了成年大多都能成为经验丰富的猎手。基诺族的狩猎活动大多围绕刀耕火种的农业生产进行。

2018年，基诺族成为全国第一批整族脱贫的"直过民族"。随着社会经济的持续发展、生活水平的逐渐提高，基诺族人的生态环保意识和法治观念也渐次增强。现如今，狩猎这种生活方式已彻底退出了基诺族人的生活，他们已从过去的狩猎者转变成了现在森林和野生动物的守护者。那些古老的狩猎方式已被放进博物馆，成为人们了解基诺族过往历史的一个窗口。

捕鱼也是基诺族传统生计方式的组成部分。农闲之时，基诺族村民就会一家或几家相约在一起下河捕鱼。捕鱼时，通常在河道旁边找来一些植物。这些植物的茎秆或藤叶中的汁水具有一定的毒性，可让河中的鱼短时间内失去知觉漂到水面上。当然，这些植物中的毒液经水流稀释后很快就会失效,因此捕鱼的量是有限的。并且这些植物对人基本上没有毒性。随着现代捕鱼工具的传入,基诺族现在捕鱼很少再用原来的土办法了。

雨林孕育的民族医药

卓巴去世留下鼓,父亲走了留下屋,

母亲走了留下井,雌师走了却留下了药根。

——基诺族民歌

医药文化是基诺族灿烂民族文化的重要组成部分。在与亚热带森林的长期互动中,基诺族先民积累了大量与疾病抗争的知识,拥有了丰富的行医用药经验。虽然基诺族没有文字,医药知识的传承只能靠口耳相传,但是通过在日常生活中不断的实践,基诺族传统医药仍保持了顽强的生命力。即使在现代医学不断发展的今天,基诺族传统医药在当地的卫生保健中仍然发挥着积极的作用。

在基诺族中有一种人不但可以辨别各种草药并熟知其药性和功效,还掌握着各种基诺族传统的特色疗法，这就是雌师。在基诺语中，雌义为药，司义为神，雌师即药神，其实就是基诺族中的草医。

一、医药传说

基诺族的许多村寨中都有关于医药的传说，尤其药物是如何被发现的传说流行得比较广，其中具有代表性的是阿匹欧欧传授药的传说、接骨传说和止血传说。

（一）医药来源传说

传说，基诺族的医药祖师是创世女神阿嫫腰白的化身——阿匹欧欧。阿匹欧欧不仅教会基诺族的始祖玛黑和玛妞如何养育子女，而且还告诉他们生什么病时找什么样的药来吃，带领他们认识了各种药物的形态，教会他们药物的配制及使用方法。这些医药知识通过世世代代的传承、丰富和发展，形成了独具特色的基诺族医药。

（二）接骨药的传说

相传，有一次巴卡老寨布鲁飘的祖先去深山老林里的箐沟中抓螃蟹。那天晚上，他不仅抓到了许多螃蟹，而且还捉到了不少田鸡。为了防止田鸡从鱼篓里跳出，他每捉到一只田鸡，就折断其后腿。可是在回家的路上，他突然发现篓盖掉了，就急忙伸手到鱼篓里去摸，幸好田鸡都还在，他心里就踏实了，便顺手在地上扯了一把草卷成团塞在篓口上，继续往家赶。回到家时，天还未亮，忙了一夜的他觉得肚子很饿，就想烧几只田鸡来充饥，不料，他刚把塞鱼篓口的草团拿掉，田鸡就一只接一只地从鱼篓里面跳了出来。他慌忙塞好篓口，然后去逮那些跳出来的田鸡。逮住田鸡一看，他发现田鸡被折断的后腿居然完好如初了，他连忙抓起那团草仔细观察。等天刚刚亮，他便顺着原路返回，一边走一边仔细观察，终于找到了这种能接骨的草药。从此，他就开始用这种草药为人们治疗各种骨折。

（三）止血传说

传说在很久以前，有位姑娘长得非常漂亮，她与一位同寨的健壮小伙子相爱并成了亲。不久，这位姑娘便有了身孕。她分娩后很想吃芭蕉花,她的丈夫不辞辛劳地到处为她寻找各种芭蕉花。可是,她却告诉丈夫,他找来的芭蕉花都不是自己想吃的,要丈夫请她的母亲去找,说她的母亲知道她要吃什么样的芭蕉花。她的丈夫很奇怪,但还是把她的要求告诉了岳母。后来,岳母将麻芋叶包的一包东西交给她的丈夫,并警告他在半路上不能打开看。丈夫更奇怪了,走在半路上就打开了那包东西,发现岳母拿给他的竟是一个婴儿。他又气又恨,此时才明白妻子是个特缺(基诺语,一种解释为昏吃乱吃的人,另一种解释为会咬人的朋友),便杀死了会吃人的妻子,随后背起自己的小孩往外跑。在跑的过程中,他的肩膀被路边的荆棘划出了一道道血口,鲜血直往外流,疼痛难忍。他突然发现背上的小孩在舔吸他伤口流出的血。他明白了这个孩子也是个会吃人的特缺,于是就用箐沟边的大石头把小孩砸死了。他又顺手抓了一把树叶揉搓之后用来擦拭出血的伤口,血随即而止,伤口也很快不痛了,而且不久就愈合了。他又气又喜,气的是他的妻子和孩子都是特缺,喜的是他发现了能够止血止痛的药物。从此之后,他就用这种名叫拉突帕炸(基诺语,义为握在手里就熟的树叶)的草药来治疗外伤,效果很好。这种药就逐渐流传了下来。

二、特色治疗方法

除了通常的药物治疗之外,基诺族的雌师还发展出了具有民族特色的非药物疗法。

(一)精神疗法

雌师采用祭祀鬼神、唱念词作法、解梦兆等使患者得到心理上的安慰、精神上的解脱,提振其战胜疾病的信心。

(二)按摩疗法

按摩可解除局部肌肉的僵硬、紧张,疏通气血,从而减轻乃至消除疼痛。基诺族草医的按摩手法主要有推、提、滚、按、揉、捶、砍等。

(三)火罐疗法

基诺族常用的火罐有竹筒做的竹火罐和牛角制成的火罐。火罐分大中小三种型号,大号口径8—12厘米,中号口径3—7厘米,小号口径1.5—3厘米。

三种型号的火罐都可以用竹筒制成,而牛角通常只能做中等型号的火罐。大中型火罐的用法是:把点燃的松明放入火罐筒内从而排除罐内空气,随后迅速将筒口对准病变部位按上,火罐筒因内部负压而吸紧皮肤。小号火罐的使用方法是将竹筒投入锅内煮沸,趁热取出,甩去水,迅速将筒口紧压在病变部位上,待其稍冷却,竹筒因内部负压而吸紧皮肤。基诺族草医认为,拔火罐可把侵入人体的寒气吸出来,从而减轻病人局部的疼痛。

(四)放血疗法

遇到一些急症时,雌师会将缝衣针、三棱针或金银锐器,用火烧消毒后,刺入患者身体的某个部位,多为手指尖,放出适量的血,以缓解病情。

(五)刮痧疗法

在基诺族中刮痧疗法使用较广。雌师顺刮痧部位的经脉、肌肉走向,来回刮动,直到皮肤渐渐变红。经常刮痧的部位有颈椎两侧、手肘部、背部脊椎两侧、大腿、胸部两侧、肩部、腘窝部等。为防止刮痧部位的皮肤过度受损,刮痧时会在相应部位涂上适量植物油或药液,没有条件时也可用清水、唾液等。

(六)叩击疗法

雌师用自制的器械对患者身体的某个部位适当进行叩击或拍击,以此刺激局部的皮肤和肌肉,促进其血液循环,从而达到治疗的目的。雌师使用的叩击工具主要有麂子脚和竹片。麂子脚晒干后呈"」"形,竹片削制成戒尺样。有时候在进行叩击治疗的同时,还加用火罐,或再外包草药,也有在叩击治疗后辅以内服药的情况。叩击治疗后辅以口功治疗的情况也有。

三、基诺族的药物

基诺族聚居的地区森林茂密,动植物种类繁多,其中可以入药的也不少。这是基诺族传统医药得天独厚的条件。

基诺族辨别一种动植物是否可以入药,通常采取看形状部位、闻气味和尝味道的方法。基诺族把药物的味分为七种,即酸、甜、苦、咸、麻、辣、涩。

基诺族雌师对药物的命名，一是根据药物的形态或形态与生长环境来综合命名，二是根据药物的用途或用途与形态来综合命名，三是根据药物的生长环境或生长环境与气味来综合命名。这些命名方式具有本民族特色，自成体系。

对于可药用的植物，基诺族通常采用鲜品，并且多用其尖枝、叶和根茎，果实较少使用。对于可药用的动物，比较常见的是使用动物的骨、胆、皮毛、牙、气管、脚、带粪便的肠等。

四、现代医药的传入及影响

1954—1957年，民族工作队进入基诺山时，先后有三名医务工作者一同前往，他们把现代医药知识带进了基诺族聚居地区。1957年，基诺山建起了卫生所，配备了医务人员。现在，新型农村合作医疗基本上实现了全面覆盖。基诺族仅仅依靠草药医生看病的时代一去不复返了。当然，现代医药的传入和普及，也给基诺族传统医药注入了新的活力。

自然质朴的传统历法

基诺族以月亮的圆缺作为纪月的根据,其历法属于太阴历。在基诺族的历法中,虽然把一年分为十二个月,但其中有一个月为各个寨子依次庆祝特懋克的"过年月",而这个月的天数是不固定的。因此,在基诺族的年节歌里面会有"一年有十一个月,一月三十天"的唱词。而基诺族的纪年、纪日主要是根据创世女神阿嫫腰白创造世界万物的顺序而确立的。纪年以十二年为一个周期,纪日以十二天为一个周期。

基诺族的纪日方法:第一日称溢出,即水日;第二日称尼嫫,即阿嫫腰白日;第三日称札欧,即天阳日;第四日称不落,即月亮日;第五日称尼,即星日;第六日称冒,即天地合拢日;第七日称西,即草日;第八日称萨尔,即风日;第九日称色厄,即树日;第十日称布霍,即雨日;第十一日称西多,即七个太阳的生日;第十二日称米初,即火日。

此外,基诺族还形成了以物候确定时节、安排农业生产的知识体系。

内涵丰富的村寨名称

基诺族的乌优、阿哈、阿西三个支系从发祥地杰卓山分离后,前往不同的地方分别建寨。基诺族村寨在发展过程中,形成了父母寨、儿女寨和孙辈寨的格局。寨子的名称一般都有着独特的含义,从中可以看出基诺族历史发展的一些特点。

一、乌优支系

乌优支系来到了无量山西部山区的补弄山,建立了补远、科联、茄玛、洛科、阿窝饶、毛娥等寨子。

(一)补远

补远寨为汉语名称。传说一部分内地人在迁徙途中到达此地时已筋疲力尽,有人就问离目的地还有多远,回答说不远,于是,就在此建寨。后来,这个寨子就被称为补远。补远寨在基诺语中被称为没比阿米勒卜。没比阿义为不会散、不会搬,米勒义为山崩,卜义为寨,合起来就是山崩石裂也不会散的寨子。

(二) 科联

传说一部分内地人迁徙来到此地,由于力乏不能再往前走,于是就在此建寨,称为可怜寨,后来演变成了科联寨。

(三) 茄玛

茄玛义为制作把茄的人,把茄是基诺族执法权的象征物,因此,茄玛寨就是制作执法权象征物的人的寨子,引申为执行族规的寨子。茄玛寨还被称为阿它坡路做米,义为建在上面团包山上的寨子。

(四) 洛科

洛义为水塘或沼泽,科义为边,洛科寨即建在水塘边的寨子。洛科寨在祭祀用的念词和唱词中还被称为乌克洛科普门,义为在山顶龙潭边的好寨子。

(五) 阿窝饶

也称曼武,在基诺族的唱词中还被称为泥勒老克乌要普门,义为我们的人住在小黑江对面的好寨子。

（六）毛娥

也称曼凹，在唱词中还被称为牛夺折可普门，义为绕路走过的建在太阳出来的那地方的好寨子。

二、阿哈支系

阿哈支系离开杰卓山后，首先建立了巴坡和巴飘两个寨子，后来从这两个寨子又分出了扎吕、扎果、普米、洛特、亚诺、巴卡、巴别等寨子。

（一）巴坡

巴坡义为门普少得建的寨子。门普少得是阿哈支系的女祖先，她姓坡，故她建的寨子称巴坡。在唱词中巴坡还被称为阿普默扑拖休。阿普义为根子、祖根，默扑义为落在脚跟边，拖为拖柯，即冬瓜，休义为养儿女，合起来就是女祖根根寨养育出来的像冬瓜滚落在脚跟边的寨子。因此，巴坡寨是阿哈支系的母寨。

（二）巴飘

巴为助词，相当于的，飘义为理顺，巴飘寨即除暴安良的寨子。在唱词中巴飘还被称为俄特它肖。俄义为竹子，特义为拿起，它义为打或刺，肖是指被称为肖学的人,合起来就是拿起削尖的竹片刺死肖学的人住的寨子。巴飘在念词中还被称为阿查瓦特肖,义为从女祖根根寨(巴坡寨)的枝蔓上分出来的住在高处的寨子。巴飘寨被视为阿哈支系的父寨。

(三)扎吕

一种解释为:扎义为河,吕义为擦,扎吕寨即河边擦血寨。关于寨名有这样一个传说:罗托和罗帕两兄弟为争夺居住地,哥哥罗托用黄刺树条把弟弟罗帕打得头破血流,罗帕用冬果叶擦拭血迹的同时,一些血顺着河水流走了,罗帕就提出以他的血流到的河边为他的土地,建立了寨子。还有一种解释为:扎吕寨即象尾菜树棍寨。传说这个寨子的人在与扎果寨争夺土地打架时,使用的是较软的象尾菜树棍,故这个寨子称为扎吕。

(四)扎果

一种解释为:扎义为河,果义为做工,扎果寨即过河迷路、做工的寨子。传说罗帕分居出来走到一条河边,迷路了,不知不觉中来到了龙潭边,遇到了一对老年夫妇,便向他们问路。老人说:"你帮我们把东西搬到水塘对面,这里就让你居住。"罗帕帮老人搬完东西后,老人和他们的东西就都消失了,于是罗帕就在此建立了寨子。还有一种解释为:扎果寨即黄牛果树棍寨。传说这个寨子的人与扎吕寨争夺土地打架时,使用的是非常硬的黄牛果树棍,故寨名为扎果。

(五)普米

普义为烧,米义为火,普米寨即火烧寨。在寨理歌《普遮之》的唱词中,又被称为丑妞、市由丑妞、妞普高萨噶卓米,义为在被火烧光的那个地方丑妞和洛妞两个女人建立的寨子。传说,阿哈支系在杰卓山居住时曾有一把宝刀,这把宝刀被藏在深山老林之中,后来藏刀的人去世了,死前没来得及交代收藏宝刀的具体地点,于是阿哈支系的人只有放火烧毁了藏刀的那片山林,才找到了宝刀。后来,阿哈支系的人离开了杰卓山,有一部分人就在丑妞、洛妞带领下来到了那座被火烧光的山上建了寨子,故称为普米。普米寨即用火烧山办法寻找丢失宝刀的寨子。

(六)洛特

洛义为石头,特义为由滚动或跑动到停止的状态,建立这个寨子时,曾经用从上往下滚石头的办法来选寨址,因此洛特寨即在石头滚不动的地方建的寨子。洛特在仪式唱词中被称为洛它可选普门,义为建在石面平的路边的好寨子。

(七)亚诺

亚义为石岩,诺义为后边,亚诺寨即石岩后边的寨子。在仪式唱词中,亚诺被称为亚遮老妞普门,义为老妞(人名)在石岩后边建的寨子。

(八)巴卡

巴义为抬,卡义为力气大,巴卡寨即力气大得能把石头抬上树的寨子。巴卡的得名,一种说法是因为卡鲁氏族最先居于此地,巴卡是卡鲁的简称,故名。另一种说法是巴卡原名毕斗车妞,车妞为一个女性名字。在唱词中巴卡也称巴卡普立或车妞伞革作咪,义为车妞的生命寨。还有一种说法是:从前,一个巴卡小伙和一个巴别小伙同时喜欢上了巴搭村的一个漂亮姑娘,互不相让,姑娘的父亲让他们用抬石头上树的方法来比试,看谁既聪明力气又大,能够把石头抬上树,结果巴卡小伙获胜,得到了漂亮姑娘。

(九)巴别

巴义为抬,别义为相让。相传这个寨子的小伙没有把石头抬上树,只得将巴搭村的姑娘让给了巴卡小伙,所以巴别寨即石头抬不上树只得相让的寨子。

三、阿西支系

阿西支系最先建立的是司土寨和巴朵寨,此后从中分出了普西、巴亚、巴洒、少妞、巴果类(巴贵)、巴过(回珍)、巴洛(回鲁)、巴来、么卓、巴吉(巴秀)、巴圭(吉座)、阿坡等寨。

(一)司土

一种解释为:基诺族叫大鼓为司土,因此司土寨即悬挂木鼓的寨子。以大鼓来命名表明司土寨在基诺族村寨中具有首席的地位。并且司土寨曾经是攸乐同知驻地攸乐城的旧址,故这个寨子又相当于官寨。另一种解释为：司土一名，在祭祀仪式中被称为阿普嘎勒米约，阿普义为根子、祖根根，嘎义为撑山、狩猎，勒义为一片山，米为人名，指米里几德，合起来就是米里几德女祖先负责管理撑山的根根寨。这个寨子为阿西支系的父寨。

（二）巴朵

巴为助词，朵义为出来，巴朵寨即分出来的寨子。在仪式唱词中，巴朵被称为阿查欧高可操普门，阿查义为瓜把、瓜蒂，欧义为藤子，高义为掉下，可义为锅庄石，操义为栽下，普义为寨子，门义为好，合起来就是从祖根根寨（司土寨）瓜蒂上掉落下来的栽三块锅庄石的好寨子。

（三）普西

普西寨即新寨，是与杰卓山的老寨相对而言的。在仪式唱问中普西被称为妞普派勒普迭，妞义为不知父亲的女人，普（轻声或第一声）义为根子、祖根根，派义为出箐，勒义为清，普（第二声）义为寨子，迭义为平，合起来就是不知父亲的女

第二章 亚热带山林中的基诺族

祖先建在清水沟旁边平地上的寨子。

(四)巴亚

一种说法为:巴义为众人,亚义为清除或扫除。传说阿普少雪任法官时,滥杀无辜,草菅人命,众人愤恨,后来就把他杀死了。因此,巴亚寨即众人清除了凶官的寨子。在仪式唱词中,巴亚还被称为译约肖比普门,义为少雪给的十个人的好寨子。另一种说法为:巴亚寨从字面意义上讲即扛黄竹的人居住的寨子,亚还有判决的意思。

(五)巴洒

巴为助词,相当于的,洒义为自己,巴洒寨即依靠自己的力量建起来的寨子。在唱词中,巴洒被称为阿窝牛高欧深普毛,义为建在长梁子下面日落西边那方的大寨子。

(六)少妞

少是女祖先的名字,妞义为不知父亲的女人,少妞寨就是从女祖先寨分出来的不知父亲的女人建的寨子。在仪式唱词中,少妞也被称为阿它少妞普门,义为从女祖先寨分出来的不知父亲的女人建在上面的好寨子。

（七）巴果类（巴贵）

巴义为众多，果类义为美丽、身段苗条。据说这个寨子的姑娘均脸色红润，身材苗条，因此，巴果类寨即众多少女都长得漂亮、身段苗条的寨子。在仪式唱词中，巴果类被称为老妞普门左咪，义为老妞建的好寨子。

（八）巴过（回珍）

一种解释为：巴为助词，过义为中间，巴过寨即建在树林中间的寨子。在仪式唱词中，巴过被称为阿窝牛高比者普门，义为建在下面日落西边那方的好寨子。还有一种解释为：回义为箐沟，珍义为铅，回珍即铅箐，因寨边箐沟产铅矿或寨子中买卖过铅而得名。

（九）巴洛（回鲁）

一种解释为：巴为助词，洛义为泥塘、沼泽地，巴洛寨即建在沼泽旁边的寨子。在仪式唱词中，巴洛的称谓与巴过相同。另一种解释为：回鲁义为蛇箐，由于寨子建在多蛇的箐沟边而得名。

第二章 亚热带山林中的基诺族

(十) 巴来

一种解释为：巴为助词，相当于的，来义为消失或烂。传说这个寨子有个人在路上捡到了基诺族法官的衣服，但得不到族人的认可，衣服也随之烂掉，从此之后，基诺族的法律也就失传了。因此，巴来寨即法律消失的寨子。在祭祀唱词中，巴来也被称为亚勒欧深普门，义为建在一条清水箐围着的长梁子上的好寨子。还有一种解释为：巴来的名称源于寻找新居地的灾难历史，从字义上看，巴来寨可称为旱谷地寨，另外，来还有死亡之义，因此，巴来寨也即死亡之寨。传说，基诺族迁到靠近橄榄坝的低山中种植旱谷时，因天气炎热，死了很多人，几乎面临灭绝的危险，故有死亡之寨的含义。

(十一) 么卓

么义为劝住，卓义为房屋，引申为寨子，么卓寨即劝住寨。据说这个寨子的寨母死后，按照本氏族的族规选中了本寨住在巴飘寨的一个小女孩来当寨母。于是，这个寨子的人就去劝说小女孩。还有一个传说称，么卓寨的卓巴长老氏族人丁不旺，卓巴死后在本寨之中找不到继承人，只有到巴飘寨去请本寨留居于彼的阿苗，但由于阿苗已经在巴飘寨安了家，因而不愿意回来，去请的人只好多方央求，并承诺给他最好的土地、山林和茶地作为回报，这样阿苗才回到么卓寨当了卓巴。因此，么卓有村寨长老哄来的寨子之义。在仪式唱词中，么卓被称为派勒闲学普门，义为建在清水箐沟边的打铁的好寨子。

(十二) 巴吉 (巴秀)

一种说法为：巴义为众人，吉义为墙，引申为筑墙垣堵起来，巴吉寨即众人筑寨墙堵起来防范的寨子。这个寨子是1941—1943年基诺族人起义时迁去建的寨子，建寨时为了防御敌人袭扰而筑墙。在仪式唱词中，巴吉的称谓与巴过相同。另一种说法为：巴义为寨，秀义为荸荠，巴秀寨即荸荠寨，因寨边水塘中生长荸荠而得名。

(十三) 巴奎 (吉座)

一种说法为：巴为助词，奎义为笑，巴奎寨

第二章 亚热带山林中的基诺族

即笑脸相迎的寨子。传说从前傣族来这个寨子串门,但大家都听不懂傣语,只好用笑脸迎接来访的人。在仪式唱词中,巴奎被称为牛朵泽德老妞普门,义为老妞建在东方太阳升起的株栗树林中的好寨子。另一种说法为:吉座寨即像星星一样明亮的寨子,因为这个寨子多用大白叶遮盖竹楼房顶,在阳光照耀下整个村寨闪闪发亮,犹如星星一般。

(十四)阿坡

在仪式唱词中被称为必者阿坡巴歪普门,义为在山梁翻过的下面西边偏坡空格人(布朗族的一个支系)住的好寨子。

乌优、阿哈、阿西三个支系随着人口增长,原有的寨子往往会一分为二或一分为三,这样原来的一个寨子就会分出大寨、小寨,或老寨、新寨,或上寨、中寨、下寨。如巴卡就由一个寨子分出了巴卡老寨、巴卡新寨和巴卡小寨,巴来由一个寨子分为巴来上寨、巴来中寨和巴来下寨,洛科也由一个寨子发展为洛科大寨、洛科小寨和洛科新寨。这样的命名方式使新建寨子的寨名中保留了老寨名中的意义。

历史上由于基诺族曾受傣族封建领主的统治,基诺族村寨的名称也曾用傣语"曼"来称呼,如巴来称曼海、巴卡称曼卡、巴亚称曼雅等。

在不同的文献中,同一个村寨往往有不同的写法,如巴坡曾被写作曼坡、曼破、蛮破、蛮坡、曼撇、蛮撇、巴普、巴破,茄玛的写法有钱麻、千麻、浅麻、骑马、千马、浅马等。这就使得基诺族的村寨名称比较混乱。在1981—1993年的地名普查工作之后,基诺族的村寨名称在保持和尊重基诺族传统文化的基础上进行了统一,村寨名称混乱的情形得以消除。

第三章　有序和谐的基诺族社会

七老政治

七老是指基诺族村寨中的七位长老。基诺族村寨通常由多个氏族组成。村寨初建之时，按照各氏族进入村寨的先后顺序或者迁来前在其他村寨中的氏族归属来推选村寨长老（头人），即卓巴、卓色、巴努、色努、达斋、乃厄、柯普洛等。卓巴和巴努由第一氏族长老担任，卓色和色努由第二氏族长老担任，达斋由第三氏族长老担任，乃厄由第四氏族长老担任，柯普洛由第五氏族长老担任。由于各村寨的氏族数量不一，因而各村寨长老的人数也不一样，通常有三个、五个、七个之别。

一、卓 巴

卓义为家庭、家族、氏族、寨子等,巴义为顶梁柱、负责人。卓巴即一家之主、一寨之主、一个氏族之主,引申为村寨首席长老。

二、卓 色

卓义为家庭、家族、氏族、寨子等,色义为创建、开辟。卓色即家族、氏族或村寨的创建人,主要是指卓巴氏族之外最先来建村寨的氏族。

三、达 斋

人们通常认为这个称谓来源于傣语,义为会计,在基诺族社会中则是指刻木记事,后来职务名称发展为家族名称。

四、乃 厄

通常认为这一称谓也来源于傣语,义为管钱的人,在基诺族社会中主要是指保管集体钱财的人,后来职务名称发展为家族名称。

五、柯普洛

柯义为东西,普洛义为保管、监督,柯普洛引申为管理物品和负责监督的人。

第三章 有序和谐的基诺族社会

长老集体的功能和职责主要表现在：主持刀耕火种农业的各种祭祀仪式，如备耕、播种、祭天、驱虫等仪式；主持集体狩猎中的收获仪式，如果猎获熊、鹿、野牛等较大的动物，要由卓巴、卓色分别在寨门外和猎手家的竹楼上举行祭祀仪式；代表全村寨的人向鬼神祈求给予生产生活方面的帮助。长老们的作用还具体表现在：为举行上新房仪式的新任家长卓勒祝福，为新婚的夫妻祝福，主持丧葬仪式，主持特懋克中的打铁仪式，为人畜举行驱鬼消灾仪式，对寨内或寨际之间的纠纷进行裁决，确定村寨过特懋克的时间和节日的祭祀程序，主持祭鼓、制鼓仪式，主持祭祀寨神的仪式，主持外寨人迁入本寨的仪式。

不同的长老其职责亦有所差别。卓巴是首席长老，又被称为寨父，其保管着村寨的神器——牛皮大鼓中的公鼓，并且各种由长老集体主持的仪式都必须有他参与；卓色为次席长老，其保管着村寨神器中的母鼓，其地位仅次于卓巴；巴努为卓巴的继承人，而色努为卓色的继承人，他们主要协助卓巴和卓色开展工作;达斋主要负责整个村寨各种事务的监督工作,如随时了解村寨记事木刻上的收支记录;乃厄是村寨记事木刻和公共财物的保管员;柯普洛主要负责接待外来访客。

无论从集体层面还是从个体层面来看,长老在基诺族传统社会中都发挥着重要作用。人们视长老为村社的象征,特别是卓巴被视为寨神的象征而受人尊敬,其住房也具有神圣性。

以长老为核心的长老制其构成要素除了长老之外,还包括首席长老的住所——卓巴房、长老的神器——大鼓等。卓巴房是卓巴居住的房屋,基诺语称洛,此房屋中有一间专门用于放置村寨的神器——大鼓。除此之外,此房屋在外观上与其他村民的房屋并没有太大的区别。卓巴房的神圣性还体现在房屋的五根柱子上。这五根柱子分别是寨神柱、兽神柱、生命柱、父亲柱(有的长老认为应称为黄牛柱)、母亲柱(有的长老认为应称为水牛柱)。

作为长老的神器牛皮大鼓,在基诺语中称司

土。基诺山的多数寨子都有一大一小两面鼓。通常大的鼓称为母鼓,安放在卓巴家,代表寨鬼,不能随便触动;小的鼓称为公鼓或父鼓,安放在卓色家。(也有基诺族长老认为两面大鼓应该分别称为正鼓和负鼓,而不应称为公鼓和母鼓。)也有的寨子如么卓、巴飘、巴坡只有一面鼓。在这样的寨子里,几个氏族共同使用一面鼓,难免出现争着用的局面,后来演变成具有表演性质的"抢鼓"仪式。在长老的主持下,基诺族大鼓一般只在三种场合使用:一是村寨过特懋克节时,二是在祭祀家神铁罗模模时,三是在修建卓巴房时。

父系大家庭

父系大家庭是基诺族传统社会中广泛存在的家庭形态。近代以来,这种家庭形态在亚诺寨比较典型,另外在补远、巴卡、巴洒、扎果等村寨也有规模不等的父系大家庭。

通常基诺族的父系大家庭分为两种形式:一种是同一父系氏族的几代人居住在一座大长房里

面，在一位男性家长的领导下，集体劳动，共同消费，并且家长有支配大房子中各个小家庭的权力。家长还有组织劳动、安排生产生活、登记财产、调节消费、对外联系等职责。另一种是同一父系氏族的数代人居住在一座大长房里面，虽然也有一位男性家长，共同劳动，但各个小家庭有独立的家庭经济。在传统的家庭生活中，男性主要负责狩猎、耕作，女性主要从事采集、播种、纺织。家庭成员的社会化教育主要通过长辈的言传身教来完成。

父系大家庭成员居住的干栏式大长房高约七八米，长度随着长房内小家庭数量的增多而增长，从三四十米到五六十米均有。在大长房中，除了有一个大火塘外，还有许多小火塘。这些小火塘对应着大长房中的各个小家庭，有多少个小家庭就有多少个小火塘。也就是说，火塘是每个家庭的标志。随着大家庭的解体，一座家屋容纳一个小家庭成为一种普遍现象，而火塘依然是每个家庭的中心之地。

第三章 有序和谐的基诺族社会

1940年以后,基诺族的父系大家庭逐渐走向解体,至20世纪50年代初,只在亚诺、巴亚、巴卡等村寨的一些氏族中还保存着父系大家庭。随着社会的进步、经济的发展,现如今,传统的父系大家庭已完全消失。

古朴的亲属称谓

亲属关系是人类社会中最重要的关系之一,亲属称谓则是对这种重要社会关系的记录和反映。通过一个民族的亲属称谓制度,可以了解这个民族的婚姻制度、继嗣规则等。

基诺族基本亲属称谓表

汉语称谓	基诺语称谓
父亲	阿布
母亲	阿嫫
祖母	阿匹
祖父	阿普

续　表

汉语称谓	基诺语称谓
伯母	阿娥
伯父	阿娥
叔母	阿美
叔父	阿赤
姑母	阿娥（父之姐）、阿科（父之妹）
姑父	阿娥（父姐之夫）、阿赤（父妹之夫）
舅母	阿美
舅父	阿基
姨母	阿娥（母之姐）、阿科（母之妹）
姨父	阿娥（母姐之夫）、阿赤（母妹之夫）
外祖母	阿匹
外祖父	阿普
岳父	阿呢布
岳母	阿呢嫫
哥哥	阿朔
嫂子	车饶或阿朔
姐姐	阿朔

第三章 有序和谐的基诺族社会

续　表

汉语称谓	基诺语称谓
姐夫	阿朔
弟弟	涅饶
妹妹	涅饶
妹夫	涅赤
丈夫	科颇
妻子	科媜
儿子	饶古
儿媳	饶古或饶米
女儿	饶古或饶米
女婿	饶古或里科
侄子	饶古或车饶
侄女	饶古或车饶
孙子	里饶或阿里
孙女	里饶或阿里
外孙	里饶或阿里
外孙女	里饶或阿里

绕考俄和米考俄

一、绕考俄

基诺族社会中的男性青年组织,基诺语称为绕考俄或绕考玛。绕考义为小伙子,俄义为团体或人们。绕考俄的首领称为绕考阿朔。阿朔是基诺族对与自己同辈年长者的称呼,相当于汉语中的哥哥。

绕考阿朔的产生方式有多种:第一种方式是选举产生,那些能说会道、办事公道、有组织能力者往往是大家推举的对象。绕考阿朔的任期通常为三五年,在20岁结婚年限之前每个绕考阿朔都要结束自己的任期。第二种方式是上届绕考阿朔在离职前,把其职务让给经过考察被认为适合做首领的同伴。第三种方式是任命。通常由村寨的行政领导在已婚男子中挑选一人,并任命其为绕考阿朔。这样产生的绕考阿朔任期年限不定,有的甚至到五六十岁还在担任此职。第四种是选举与任命相结合的方式。如在巴亚寨,绕考俄有三个首领:一个从绕考俄成员中选举产生,任期一年;一个由村寨行政领导在二三十岁尚未结婚的男子中挑选一人,并任命,任期不定;一个由村寨行政领导在三四十岁未婚男子中挑选一人,并任命,任期不定。

男青年参加绕考俄有四个限制条件:第一,按照村寨惯例举行过成年礼的男青年才能加入绕考俄。由于各个村寨举行成年礼的年龄各不相同,因此,各个村寨年轻小伙儿加入绕考俄的具体年龄也不一样,有从14—18岁不等的情况。第二,发育正常的人才能加入绕考俄。第三,尚未举行成年礼且由于父亲亡故而直接当家长的小伙儿不能加入绕考俄。第四,未婚也是加入绕考俄的前提条件之一。加入绕考俄的男青年一旦结婚通常就意味着退出了绕考俄。对于结了婚又丧偶且还没有当家长的年轻男子,通常还是要加入绕考俄。除了这些条件之外,男青年参加绕考俄,还需向这个组织交纳一些烟草,让组织成员一起分享。

绕考俄成员聚会的场所有二:一是在尼高卓

（义为坐玩场或玩之家）；二是在村寨中的公共活动场地。

尼高卓是绕考俄成员夜间聚会和歇息之处。它不是一座单独的建筑，而是在村寨中除长老和巫师之外的家庭中，选择房主热情友好、房子比较大、人口不多的人家的房屋作为这样的聚会场所。作为使用房屋的回报，绕考俄成员定期要送给房主家一些柴火。在尼高卓中活动的人既有年轻小伙——绕考，也有年轻女子——米考。夜间，绕考在此做编织等手工，而米考则做一些纺织、刺绣活计，男女之间的谈情说爱也在此展开。

在村寨中的公共活动场地上的聚会，通常在晚饭后开始，活动内容主要是绕考俄成员汇报一下这一天发生的重要事情，然后由绕考阿朔来决定接下来的工作内容，并提醒需要注意的事项。此间聚会只有绕考俄成员才能参加。

绕考俄在基诺族社会中的主要职能有：第一，为未婚男女青年间的社会交往提供帮助。第二，承担村寨的公益劳动和杂务。如节日里负责接送客人、修筑村寨道路、巡查村寨界标。第三，负责村寨的安全保卫工作，组织正常的男女青年活动。第四，负责维护村寨的寨规。第五，组织开展丰富的文体活动，如节日歌舞、传统体育项目等。

二、米考俄

米考俄即女性青年组织。这类组织在基诺族社会中并不普遍，仅在部分村寨存在过。然而，即使没有米考俄的村寨，参加过成年礼且未婚的女青年通常也会到村寨中男女青年活动的场所与未婚男青年进行社交活动，寻找自己心仪的对象。

随着时代的变迁、社会的发展，基诺族传统的男性和女性青年组织已经消失。但它们的一些功能由后来出现的青年民兵组织和妇女联合会等组织所继承。

第四章　日常生活中的独特创造

居住文化

基诺族的建筑除家屋之外，还有窝棚、粮仓、打铁房、神房等。窝棚建盖在田地里，分为洞和洞便两种；粮仓，基诺语称积，分为积和积偏两种；打铁房，基诺语称腾包和揪哦，揪哦则有建在地上和树上的两种；神房，基诺语称聂凿。

据基诺族老人回忆，早先基诺族人的家屋是用茅草盖顶、竹篱笆围墙的落地房，基诺语称为咚木。此种房屋外观与干栏式房屋相似，但只有一层，一般屋内隔成三间：房屋中央正对门的一间设有火塘；左右两侧各有一间，一间为父母卧室，一间则为女子所住。后来，出现了干栏式竹

第四章 日常生活中的独特创造

楼或木楼，其分为两种类型：一种是父系小家庭居住的房屋，另外一种是父系大家庭成员共同居住大房子。干栏式建筑的平面布局有三种主要形式：一是，堂屋居中，两侧为卧室。此种类型为基诺族民居的典型布局。二是，堂屋与卧室各居一侧。三是，堂屋与厨房分离。而20世纪50年代民族工作的调查资料显示："攸乐山上都是草房，式样和傣族一样，分上下两层，下层装柴或养猪、养牛，上层住人。房子有前后两个门，前门外有一个平台，用竹片编成，很干净，后门不走，只走前门。一进门就隔起一道篾笆，外面有个火塘，旁边铺着一张席子，这是为客人准备的。没有客人时，火塘作煮猪食用。篾笆里面也有个火塘，是自己家用的。整间房子很大，长宽约有3丈，是方形的，全家劳动一天回来都在火塘边煮饭吃。在大房子的两侧有很多小房间，可睡三四个人，这就是卧室，外人不能进去。"20世纪80年代中期以后，出现了土坯房和砖房。20世纪90年代以来，虽然基诺族保留了干栏式建筑的传统形制，但其所使用的建筑材料却改变了，特别是屋顶的材料从茅草、挂瓦逐渐向石棉瓦、铁皮瓦等过渡。浇灌的钢筋水泥平顶房也在逐渐增多。

饮食文化

基诺族是山地稻作民族，主食以米饭为主，间有薯类和玉米等杂粮。在基诺族的日常生活中，花生、芝麻、黄豆、冬瓜、南瓜、丝瓜、豌豆、青菜、白菜、姜、蒜、葱、辣椒、芫荽、香茅草、荆芥、香椿、大薄荷、野八角、野花椒等食物也比较常见。过去，基诺族的肉食主要有两个来源：一是野生动物，二是饲养的家禽和牲畜。野生动物大型的有熊、豹子、野猪、牛、鹿、麂子等，鸟类有白鹇、野鸡、山鹰等数十种，小型动物有竹鼠、松鼠、小蛇、龟、河蟹、穿山甲等，昆虫有竹虫、蜘蛛、蚂蚁蛋、蜂蛹等。而基诺族饲养的家禽和牲畜一般为鸡、牛、猪、狗等。野生动物曾经是基诺族肉食的主要来源，家禽和牲畜只在节日或举行祭祀仪式的时候才杀食。现在,已严禁捕杀野生动物。家禽和牲畜成为基诺族肉食的主要来源。基诺族人平时食用的蔬菜主要是山上采集来的,很少自己栽种,因为在基诺族生活的地区一年四季都有可供采摘的野菜、野果。

一、食物制作方法

基诺族传统的烹饪方法有煮、蒸、炒、烧烤、腌、舂、凉拌、油炸等,其中以舂、煮、炒为主,而舂最有特色,正如基诺族俗话所说:"汉炒,傣蘸,基诺舂。"

二、特色菜品

(一)咖喱罗果酱

咖喱罗,学名槟榔青,是一种树上的果子,味酸、甘苦而有回味。制作方法是:取咖喱罗果二至五个,去皮,将果肉捣烂,加上按各自口味制成的作料盐,一起放入舂槽中舂成酱即可。咖喱罗果酱是基诺族食用各种生菜的调味佳品。在年节时,各家准备的菜肴中往往都有咖喱罗果酱。可见咖喱罗在基诺族饮食文化中占有重要的地位。

(二)包烧山蜘蛛

此道菜所用的山蜘蛛体呈长圆形,外表黑灰色,背有斑点,常攀附在树上结网,以小昆虫为食,蛋白质含量很高。制作时,将捕来的山蜘蛛去掉丝和脚,放在舂槽里与姜、辣椒、野八角、蒜等作料一起舂成肉酱,再用芭蕉叶包好,然后放在炭火上烤,待芭蕉叶烤黄即可取出食用。此道菜香辣可口,营养丰富。

(三)剁生

基诺语称阿祖阿杰,通常是将新鲜牛肉舂成泥或剁细后制成。分为三种:一种是舂成泥后拌作料吃,一种是剁细了不煮熟吃,还有一种是剁细了煮熟吃。剁生通常只用牛肉或者猎获的麂子肉,而不用猪肉。

(四)白旺(生血)

通常为没有伤到骨头的牛血。杀牛时,将鲜血用盆或桶接下,加入一些食盐,接着将炒熟的瘦肉拌入其中,再加入葱、姜等作料,然后用生白菜心、包心菜、水香菜等蘸着吃。

第四章　日常生活中的独特创造

（五）苦子果汤

将色绿味苦、形如珍珠的苦子果与苦凉菜、臭菜、酸芥菜等野菜一起放入舂槽内，再加入姜、盐、野八角、香茅草等作料，一起舂细，然后放入开水中煮沸即可。此汤清凉解渴，先苦后甜。

（六）苦凉菜

又称大苦溜溜、螺旋茄、百两金。产于西双版纳州等地。夏秋季节可采集其嫩叶煮汤或素炒食用。全株可入药，用于治疗腹痛、疟疾、感冒发热、喉痛等。

（七）臭菜

又称羽叶金合欢。为攀缘、多刺的藤本植物。一年四季均可采集，主要食用其嫩叶。

（八）酸蚂蚁蛋汤

制作这道菜的前提是采集蚂蚁蛋。通常蚂蚁蛋在树上的蚂蚁窝里面，采到蚂蚁窝后，把蚂蚁蛋周围跑动的蚂蚁去除，只留下蚂蚁蛋。制作时，先把蚂蚁蛋洗净，然后取少量的蚂蚁蛋舂碎，放入竹筒或锅中并加入适量的水，煮沸后，再放入一点儿臭菜，接着将剩下的没有舂碎的蚂蚁蛋和盐、辣椒一同放入，几分钟后即可起锅。蚂蚁蛋味酸，故这道菜酸爽可口，营养丰富。每年三四月间，酸蚂蚁蛋汤是最受欢迎的菜肴。有的村民还喜欢在酸蚂蚁蛋汤里面加入酸荞。酸荞是一种野菜，味酸，与酸蚂蚁蛋加在一起，汤的味道会更加鲜美。烹调方法是先将酸荞煮熟，放入姜、香茅草，随后将蚂蚁蛋放入煮沸即可。

三、饮 品

基诺族的饮品主要有酒和茶：酒一般是用大米或苞谷为原料酿制而成的自烤酒。茶也是自己栽种、采摘、烤制的。基诺山是普洱茶六大茶山之一，基诺族普遍种茶，也酷爱饮茶，形成了丰富的茶文化。依据制作方式的不同，基诺族的茶可分为凉拌茶、烤制茶、竹筒茶和铁锅蒸茶等。

四、饮食器具

基诺族的饮食器具主要有竹杯、竹饭盒、竹筷、竹桌、木勺、竹勺、铜锣锅、铁锅、木甑、瓷碗、芭蕉叶等。

第四章 日常生活中的独特创造

服饰文化

一、纺　织

纺织是制作服装的前提,包括纺线和织布两部分工作,在基诺族社会中通常由女子来完成。纺线之前要用轧花机对纺线的原料——籽棉进行加工,使籽棉脱籽,然后用黄竹做的弓弹皮棉,使棉花疏松。接着,手持纺轮把棉花捻成线。捻线用的纺轮制作比较简单,通常是用一块直径五六厘米的圆形木块,也有用塑料块的,在中间

纺　织

凿出一个孔，然后削一根一端带钩的竹棍插入孔内即可。用纺轮把线纺好之后，在绕线架上把线绕成直径1米左右的线圈，然后取下来捆成束，接着用清水冲洗，白糯米汤浸泡，使棉线板结且洁白，再用树皮、树根或植物的叶子、花卉、果实的汁液把一部分白线染成红、黑、蓝、绿、黄等颜色。

织布用的织布机称腰机或踞织机。基诺族女子织布时席地而坐，把经线的一头拴在自己的腰上，另一头拴在对面的木柱上。双手持梭将纬线来回牵引，然后用砍刀状的木板打紧。因此，基诺族人通常称用这种织布机织出的布为砍刀布。

二、刺　绣

基诺族的歌曲中唱道："我是一个女人，当我做出来的衣裳不如人时，绣出的花不如人时，你可能会说我太笨，这个女儿为什么不如妈，是不是神仙培嫫（基诺族的女神之一，在基诺族的观念中，培嫫主要掌握人类命运，她使男人具有九个魂、女人具有七个魂，并且她把人的命运刻在

第四章 日常生活中的独特创造

人的额头上和手心上)的安排。我主持不了这个家时,你是否会抛弃我?"从歌词中可以看出,在基诺族传统社会中,刺绣对于女性而言不仅是必备的生活技能,还是评判女子是否能干的重要标准之一。

服饰上使用绣片的常见部位有:男装上衣后背心的月亮花;女装的胸兜、上衣下半截和手袖、短裙的下半部分;挎包上半部和包角的月亮花。

刺绣常用的图案有线条、网、三角形、菱形、树、草、花、水、星河、房屋等。常用黑、红、白、黄、绿等颜色相互搭配。

三、男装与女装

总体而言,基诺族所穿的衣服大都是用自织的砍刀布缝制而成的。在缝制时以白色棉布为主,再配以用黑、红、黄、青、蓝等颜色的棉线织成的花色棉布。

(一)男子服装

成年男子的服装包括上衣、裤子、绑腿、包头等。

上衣，基诺语称佩头，对开襟无领，有袖，由边上镶有彩色条纹的砍刀布制成。砍刀布边上的彩色线条，自然地在前襟、胸、臂、腕、下背等处形成具有装饰效果的彩色条纹，再用黑红条纹布在袖口、衣脚上镶边。后背上部中央缝上绣有一朵月亮花的方形绣片。

裤子，基诺语称老组，是用白色砍刀布缝制成的长裤管的宽腰裤。裤腰两侧各开一个口子，在开的口子上各缝一小块方形黑布，象征被箭射中处，基诺语称普勒斯。男裤的裤脚、膝盖部位都有红黑色条纹。

包脚，用白底带彩边的砍刀布做的绑腿缠裹。通常裹缠膝盖以下至踝关节以上部位，有的绑腿上还缝有绣片。绑腿裹起后两头扎绳，双脚赤裸，不穿鞋袜。

包头，基诺语称乌托。有两种类型：一种是用1米多长的黑色包头布直接在头上缠绕而成；另一种是把黑色包头布叠成条状，然后绕成圈状固定成一筒箍，套在头上。长条包头布的末端均有花纹,有的还缀上一串红豆或虫翅做的花等饰品。

(二)女子服饰

基诺族成年女子的服装包括上衣、胸兜、筒裙、帽子等。

上衣,也称佩头,为无领圆口对襟衫,上半部用黑布或白色砍刀布制成,下半部用红、白、黑、黄、青、蓝、紫七色布条拼成横条花纹或绣上一些图案。臂、肘、袖口处有对称的彩色条纹,并用黑色和红色两种线镶边。

胸兜,基诺语称撒拍,义为遮羞。胸兜上半部分呈方形,下半部分呈缺角菱形,上半截绣有鲜艳的花纹,下半截有夹层。夹层用白细布做成,并绣有各种图案,有的还在上面镶银泡。上半截的左右两端各有一根带子,用来系套在脖子上;下半截的上下两端也各有一根带子用以固定。胸兜长度以遮住肚脐为止。

筒裙,无腰,长过膝盖,上部用白底彩条砍刀布制作,下半截用普通的黑布镶上红边做成。上下两块布拼缀在一起,前开衩,即为筒裙。妇女的筒裙分两层,外边的一层较里边的一层短,里边一层的正后方缀有一块可以经常拆洗的细布。20世纪50年代前,大多数基诺族妇女均穿筒裙而不穿裤子,少数妇女裙内穿无腰稍长过膝盖的彩边裤。基诺族妇女还在小腿上裹上黑色包脚布,有的则将包脚布做成筒状套在腿上。脚面赤裸,不穿鞋袜。

帽子,基诺族妇女头上均戴一顶尖锥形的帽子,通常称为尖尖帽。这种帽子是用彩色条花纹的白色砍刀布制成的。已婚妇女的尖尖帽前檐朝外翻卷,卷起的幅度以布边上的黑色条纹为限,未婚女青年的尖尖帽的前檐通常不做翻卷。帽子两侧长至脖子。勐旺乡补远村一带乌优支系的基诺族妇女所戴的尖尖帽称为乌妞,特点是帽子后面的帽披较长,可达腰部,帽披上还绣有花纹。

(三)儿童服饰

基诺族儿童的服饰与成年人相似,大多是用成年人的旧衣裤改小而成。在很小的时候,女孩一般在腰腹间扎一块布做围裙,男孩多光着屁股,稍大一些才穿开裆裤。举行成年仪式之后，父母才正式为他们准备成人的服饰。儿童服饰当中，比较特别的是帽子。基诺族婴儿的帽子是一顶小瓜皮帽，用黑色布制作，也有用彩色布拼接缝制的。大人为了辟邪，还会在小孩的帽子上缀上姜、贝壳、狗骨头、小块铁器等物。

四、特殊服饰

除了日常穿戴的服饰之外，基诺族还有一些特殊人群或在特殊时刻才穿戴的服饰，如白腊泡服饰、巴来寨的公安服、树皮衣服等。

（一）白腊泡服饰

白腊泡是基诺族对祭司的称呼。白腊泡在主持祭祀活动时均要穿戴特殊的法衣和法帽，还要挎着制作独特的挎包。

白腊泡的法衣，基诺语称吐派，它是用一块和白腊泡等身长的黑布，在布长的一头剪出一个套头的洞，布的两边再各剪出一个袖洞，于背部围拢，再用固定在腰部的带子系在背后。法衣下摆中间开衩，衣摆长至脚面。白腊泡作法时，内穿黑色衣裤，外面再套上法衣。

白腊泡的法帽，基诺语称乌克。它的基础部分是一顶黑色瓜皮小帽，在小帽顶部正中的位置缀有红色布条，在帽檐靠耳朵的位置，两边分别缀有缝制的彩色花穗。白腊泡主持剽牛仪式，就会得到举行祭祀活动人家赠送的一对彩色花穗，随着主持次数的增多，花穗的数量也跟着增加。帽子的后方要缝上九条双色布条，每条布条正面和反面各用一种颜色，通常用黑、红、黄、白四种颜色搭配。布条可长至膝弯，并且上面缀有贝壳。帽檐部位还缀有三行横排的贝壳。随着白腊泡资历的逐渐增长，点缀在帽檐上的贝壳可增至六行。由于资格老的白腊泡的黑色法帽上缀满了贝壳，因此一眼看上去，法帽就像是白色的一样。

（二）公安服

这种衣服是在基诺族男子通行服装的基础上，在胯部加了一块砍刀布。这块布从前腰伸出绕过胯后固定在后腰。据说此种服装在从前是维持治安的人穿着的。现在主要是巴来上寨、下寨和小寨的男子在穿。传说巴来寨曾经有个人在路上捡到了基诺族法官的衣服，但得不到本氏族人的承认，后来衣服烂掉了，基诺族的法律也从此消失。巴来寨男子的公安服或许与这个传说有关。

（三）树皮衣服

基诺族通常用见血封喉树（又称箭毒木，其乳白色汁液有剧毒。西双版纳州的基诺族、傣族、哈尼族都会用此种树的树皮制作衣服）的树皮来制作树皮衣服。其制作程序如下：选树，剥去树的外皮，割取树的内皮，把内皮放入木桶中加水浸泡，然后取出将树皮捣软，再把树皮晾晒干，最后根据不同身材剪裁成衣服。

树皮衣服最初的功能有三：一是御寒蔽体。基诺族生活在高山密林之中，早晚温差明显，空气湿度大，需要衣服来御寒防潮。从衣服的材料来看，麻、棉的产量有限，且制作工序复杂，而树皮却能就地取材，且制作相对简易，也无须成本。二是休憩时，树皮衣可垫可盖，极为方便。三是遮羞。

随着社会的发展、时代的进步，树皮衣已逐渐被其他材质的衣服所取代。现今，树皮衣服的作用仅限于二：一是作为基诺族服饰文化中的一种特殊服饰被博物馆收藏、展示；二是作为在基诺族特懋克节上人们举行辞旧迎新仪式氼祝里时所穿的服饰。

五、其他装饰

（一）筒帕

筒帕即挎包，是基诺族服饰重要的组成部分，不论男女，基诺族人外出时都会随身挎一个筒帕。对刚成年的青年人来说，筒帕不仅是装物品的袋子，而且还是他们成年的标志，也是爱情的信物。基诺族的筒帕制作精细，是用砍刀布加上绣片缝制而成的。不同的人制作的筒帕上的花纹图案也不相同，月亮花是最常见的图案。此外，基诺族的筒帕还有性别差异。男子的筒帕比女子的要大一些，而且男子的筒帕上有九个图案，象征男人所拥有的九个魂。女子的筒帕上只有七个图案，表示女人所拥有的七个魂。

（二）发式

基诺族男子在很早的时候就有留三撮头发的习俗。一般在额头中上的地方留一撮，左右两边太阳穴附近各留一撮。由于这种发式，古代志书上曾称基诺族为三撮毛。如今，此种发式已经消失不见了。

基诺族女性在发式上有已婚和未婚的区别。尚未结婚的姑娘既可将头发在脑后扎成一束，也可将头发编成独辫，还可披散在肩上。已结婚或未婚生子的妇女，发式有所改变，就是将头发盘在前额正中，然后戴上一个篾达（一种用竹篾编成的类似梳子样的装饰品）。今天，基诺族妇女的发式花样繁多，篾达在基诺族社会中已很少见了。

（三）染齿

染齿在基诺族中也比较常见，最常用的方式就是嚼槟榔。基诺族男女都有嚼槟榔的习惯，他们把槟榔和石灰放在嘴里嚼食，时间久了牙齿就会变黑，嘴唇会变红，而且经久不褪色。除了嚼槟榔外，基诺族青年常聚在公房（尼高卓）里面染齿。

染齿用的原料为黄牛角刺树（基诺语称得吃阿扣）、青冈栎等，其中最好的是黄牛角刺树。黄牛角刺树的树枝用火烧烤后里面流出的浆液就是染齿用的原料。染齿具有杀菌、健齿和预防龋齿的功效。

六、服饰的变迁历史

20世纪50年代，当时民族工作队的调查报告《车里攸乐人（基诺族）》记载：攸乐人男女衣服的颜色、花纹一样。男子上身穿对襟小褂，白色，没有纽扣，在前襟两边有几根红色、蓝色的花条，胸部也缠绕着花条，背上正中有一块方形的用各色彩线绣成的图案，有的像太阳，有的像野兽，他们称之为"孔明印"，一寨与一寨的式样不同。下身穿白色短裤，腿上裹着白绑腿，蓝色布包头，赤脚。女子在胸前围一块三角形的花布，称为围腰，外面罩对襟蓝色、红黄花条小褂。一般都是自己织染的。下身围一块白布，长及膝盖，两端交结在腹前，穿起来很不方便；腿上打蓝色绑腿。头上的装束，未生小孩前都戴尖尖帽，生过小孩的头上斜顶一块平平的篾笆，帽尖倒下来。

第四章 日常生活中的独特创造

今天,基诺族的服饰可分为日常服饰和节日服饰两类。在日常生活中,男子一般不再穿戴传统服饰,而是穿着款式多样的从市场上购买的流行服饰,如西服、T恤衫、衬衫、运动服、夹克、牛仔裤等。值得注意的是,在各类服饰中,印有太阳图案或类似太阳图案的款式,深受人们喜爱。有的老汉头戴老式军帽,也有的戴鸭舌帽,无人缠包头,而年轻人流行染发、留长发。女子则是中年以上,无论居家、下地还是外出赶集通常都会头戴一顶尖尖帽,而上衣则多为在集市上买的青布衣,下穿傣式筒裙,腿上打黑色绑腿。中年妇女不再戴尖尖帽,多披头或扎马尾辫于脑后,也有的用从市场上买来的头巾裹头,上衣为从市场上购买来的款式多样的衣服,下穿傣式筒裙或长裤。另外,中老年无论男女外出都喜挎基诺族挎包。

过节时,则以传统的民族服饰为主,同时又有所创新:成年男子头缠黑布包头,着对襟无纽短衣,打着自制或定做的绣有太阳花的各式领带,下穿棉布短裤或各式长裤,双腿裹绣花黑布绑腿,赤脚或穿拖鞋、凉鞋;青少年则很少缠包头和打绑腿。女子不论老幼皆头戴尖尖帽,上穿传统棉布上衣,下穿基诺族传统筒裙。

基诺族的服饰,从文献记载的麻制、老人讲述的用见血封喉树的内皮制成的树皮衣,到棉花纺线织布后缝制的砍刀布服装,直至今天各种面料、各种款式的服装,发生了巨大变化。

总体而言,基诺族的服饰变化有以下几个特点:第一,基诺族的服饰不论从材料还是从款式上看,都变得越来越依赖于市场。第二,基诺族服饰材料的变化与其生产密切相关,种植作物的改变促使服饰材料的改变,生产方式的改变决定着基诺族服饰功能的转变;第三,不同年龄、不同性别的人其对传统服饰的态度既有相同的一面(如对月亮花的青睐),又有不同的一面(如对挎包的态度);第四,服饰变化的趋势,不论男女,先变下装,再变上装,男子头饰基本上改变了,而女子则相对保留。

第五章 基诺族的社会习俗

生育习俗

基诺族围绕孩子的诞生形成了许多禁忌和礼仪。过去,基诺族男子在妻子怀孕期间,为了孩子的相貌着想,上山打猎时忌打猴子、花羽毛的鸟、叫声难听的鸟,也不能割岩石上的蜂蜜,不能砍棕树;为了防止胎儿畸形,孕妇不能吃野兽头上的肉;为了生产时顺利,妻子怀孕期间,丈夫不能打蛇、不能爬树摘果、不能砍没尖的竹子,孕妇上山采集时不能采白参、黄色菌、独朵的鸡㙡,忌吃未出头的芭蕉花等,夫妇都忌吃并蒂的瓜果。忌吃并蒂瓜果这一生育禁忌与始祖神话《玛黑玛妞》有关,据说是担心吃了并蒂瓜果而生双胞胎，双胞胎被认为是返祖现象。无论这些生育禁忌主观上的意愿如何，但在客观上却一定程度地防止了人们对植物和动物的过度采集和捕杀，对本地区生态平衡起到了保护作用。

　　基诺族的产妇一般采用下跪的姿势生产。在基诺族传统社会中，生产被认为是不干净的事，甚至会带来灾祸，因此，生产通常在楼房的阳台上进行。如果难产则搬到孕妇自己卧室门口的门槛边生产。婴儿出生后，要把产妇移到房屋内的生命柱下换上干净衣服，并在此设专门的床铺坐月子。此外，婴儿降生后父亲还要为新生儿杀一只鸡，并在锅庄石上滴上鸡血、粘上鸡毛，然后用煮过的鸡献祭培嫫、寨鬼和去世的父母，向其通报婴儿的降生，请求其保佑新生儿顺利成长。孩子的父亲还要将胎盘装在一个葫芦或竹筒中，埋在自家的楼底下，位置在父母的床下。孩子的出生时间即是埋好胎盘的时间。根据基诺族人"男有九魂、女有七魂"的观念，把备好的九根或七根木棍钉在所埋葫芦周围，上面再罩上一片竹篾，然后每天晚上在此根据孩子的性别燃九根或七根柴火,一直持续到孩子脐带脱落之时。

基诺族认为婴儿出生后,要马上为其起名,如若不然,孩子就会被鬼神起名而早夭。孩子起名的方式主要有父子连名、巫师起名、认干爹起名等。孩子满月时,一些寨子还会举行特别的仪式。在一些寨子,满月的孩子才被视为人。

一、认干爹

在孩子出生后尚未满月时,外人(通常是男子)不能进入产妇正在坐月子的人家。如果有男子闯入,就要让其为新生儿起名,并且孩子还要拜起名人为干爹,甚至还要跟着起名人姓,孩子的家人希望以此来庇护其成长。如巴卡小寨的资木拉家,汉语姓氏为董姓,但他的亲弟弟却叫李从保,这个李姓就是从他干爹那里得来的。

二、满月礼

基诺族产妇坐月子满一个月,即孩子一个月大时,在一些寨子中新生儿家要举行满月礼。孩子的父亲要在客房中杀一只鸡煮熟后独自吃,此时，其他人不能与他说话，否则，认为会有不幸的事发生。杀的鸡是为了祭祀培嫫，有的还念祭词："婴儿已满月，请培嫫保佑婴儿健康成长。"据说经此仪式后，婴儿就在培嫫处挂了人的号。基诺族认为满月之后的婴儿才能称为人。满月死亡的婴儿可以葬入村寨的公共墓地，而未满月的则不能。当然，并不是所有的村寨都举行满月礼。

起名习俗

基诺族人通常在两个时段为人起名，一个是在新生儿出生前，另一个是在新生儿出生时。新生儿出生前的起名相对简单，包括请白腊泡起名和父子连名两种情况。新生儿出生时的起名方式则相对较多，往往根据新生儿出生时的具体情况而进行命名。

基诺族新生儿的起名除了请白腊泡起名和干爹起名等特殊情况外，通常由新生儿的父母来给孩子起名，若父母拿不定主意的时候，帮忙接生的妇女或在现场年纪较长、有威信的人也可以为新生儿起名。

一、白腊泡起名

白腊泡起名有两种情况：一种情况是该对夫妻此前生的孩子曾夭折或多病，为了现在怀着的孩子健康和平安着想，通常在孩子还未出生时就请白腊泡来给孩子举行起名仪式。另一种情况是孩子出生后，经常生病，并久治不愈，父母通常会请白腊泡通过占卜看看孩子的名字是否不吉。如果是孩子的名字不吉，就需请白腊泡重新起个名，以震慑恶鬼、保护孩子。

起名仪式一般在播种仪式前后举行，凡有新婚夫妇的人家均可举行。仪式举行时，要准备三只小猪，其中一只献祭培嫫女神，一只祭祀家中的祖先，一只祭祀寨神。此外，还要杀两只鸡，并准备一头母猪、棕叶、苦马草、一种寄生在高大树木上称为达代的黄色香花、一种风不吹自己也会动的植物的叶子、芭蕉秆雕刻的黄牛和水牛各一对以及用树叶剪的小人一对。这些祭品准备妥当之后，举行仪式的家庭就去请白腊泡和七位长老。在长老们的见证下,白腊泡主持的起名仪式正式开始。此时,白腊泡要念诵祭词,内容主要包括请祖先和寨神、寨鬼保佑孩子健康成长,请培嫫女神给孩子赐名等。祭词念诵完毕,仪式结束后,白腊泡就会告诉孩子的父母,培嫫女神赐给孩子的名字是什么。

通常而言,白腊泡请求培嫫女神赐的名,均带有"白腊"二字,并且在孩子未出生时,同时起两个名,一个给男孩儿用,一个给女孩儿用。男孩儿多叫白腊腰、白腊者、白腊车等,女孩儿多叫白腊蕾、白腊都、白腊妞等。

二、父子父女连名

概括而言,父子连名就是将父亲名字末位的一个或两个音节作为儿子名字首位的一个或两个音节。具体来看,基诺族的父子连名最常见的有以下两种类型。

第一种类型:父亲名字末位的一个音节是儿子名字的首位音节,即 AB-BC-CD 式,如腰波—波且—且高。

第二种类型:父亲名字的最末两个音节是儿

子名字开头的两个音节,即 ABC-BCD-CDE 式,如切布鲁—布鲁车—鲁车皮。

父子连名曾经是基诺族最普遍的起名方式。基诺族的父子连名还有两个特点:一是可以重复连,二是由于不同原因中断的情况也比较多。随着学名的兴起和户籍管理制度的确立,基诺族的父子连名制已经成为一种隐性的起名方式。

三、名字前冠以"婆"

一种说法是"婆"或"破"在基诺语中义为倒过来或回来。由于先前生的孩子接连夭折,父母便在新生儿的名字前加"婆",如婆切、婆薇等,以起到把孩子倒了的名字又倒回来的作用,从而把孩子的魂请回来,让孩子能够健康平安成长。另一种说法是基诺族称布朗族为"婆"或"阿婆",并且基诺族认为布朗族的巫师法力强大,所以就用基诺语中布朗族的称谓作为孩子名字的首音节,企望给新生儿祛邪延寿。这样的名字如婆什、婆且等。还有一种说法是父母离婚后生的孩子也要在名字前冠以"婆"。

四、名字前冠以"沙"

孕妇分娩时出现的婴儿脐带绕颈或绕肩的情况,基诺族认为这表明新生儿是培嫫女神认领的,因此,新生儿就不能与其父连名,而必须在名字前冠以"沙"的音节,如沙车、沙都、沙得等。

五、与路连名

基诺族称路为腰科。如果孕妇在外出途中突然生产,新生儿通常要用"科"的音节作为名字的首音节,如科包、科耶等。

六、名字前冠以"肖"

未婚生育的孩子,并且只知其母不知其父的,要在其名前冠以"肖"。"肖"在基诺语中为找的意思,引申为自找的,也有无父之义。这类名字如肖得、肖者等。如果新生儿有舅舅,也可与舅舅连名。如果孩子的母亲要再嫁,娶孩子母亲的男方需到孩子的舅舅家举行孩子的更名仪式,这样孩子就可以与男方连名了。

七、与傣族或汉族连名

基诺族称傣族为布切,称汉族为阿合。因此,与傣族连名的名字就叫切腰、切施等,与汉族连名的名字就叫合生、合舍等。

八、以孩子的长相和特征起名

如婴儿有些瘦,但是长得玲珑可爱的,男孩儿就叫波且,女孩儿就叫米且。如果孩子皮肤较黑,一般就以"纳"为名字的首音节,如男孩儿叫纳吕,女孩儿叫纳标等。还有,胖胖的孩子叫米书,乖娃娃叫阿打,白胖女孩儿叫阿宝,矮宝宝叫米奏,帅宝宝叫阿呐,美宝宝叫咪杂等。

九、现代命名

随着现代教育的兴起,进入学校的基诺族人都有了学名,与此同时,基诺族的姓氏也开始固定下来。父亲把自己名字的第一个音节作为姓,以此来给自己的孩子起名。如沙车,其子女就把沙作为自己的姓氏,沙车的儿子叫沙晓桑等。因此,今天基诺族人往往都有两三个名字,一个学名、一个传统民族名,有的还有一个小名。

十、常用名及其含义

基诺族男子的名字可以用任意两个常用音节

组合在一起构成,如切、周、包、车四个音节,可以任意取其中的两个音节来组合。而女性的名字通常是用男性名字常用音节冠于自己名字前组成。

男子常用名及其含义

常用名	含义	例名
资、阿资	物种、籽种	资包
木腊、木腊阿	漂亮	木腊伍
切、阿切	根基、根、树根	切腰
利、几利阿	沉、沉重	利优
周、周罗	膨胀	周所
杰、米杰也杰	朴实	杰泽
包、几包	茂盛	包么
肖、听肖	百、百个	肖周
车、车安	像、相似	车扫
伟、伟例	买、买东西	伟者
腮、腮旁	划、划开	腮木拉
扫、扫阿	响、响亮	扫包

第五章 基诺族的社会习俗

续 表

常用名	含义	例名
腰、腰秋	获得	腰波
优、优呢	养育	优扫
布鲁、布勒呢	满、装满	布鲁飘
么、么阿	好、很好	么周
基、基例	九、九个	基优
标、标阿	憨厚	标利
初、阿初	独、独苗	初腰
仁、阿仁	瘪	仁周
飘、阿飘阿扫	舒服	飘杰

女子常用名及其含义

常用名	含义	例名
舍、拉舍	拉手	白腊舍
施、泽施	偏离	包施
德、阿德	整整齐齐	沙德
耶、耶切	切开	少耶
书、拉书	长、长度	扩书

续 表

常用名	含义	例名
都、阿都	蓓蕾	婆都
则、几则	淘气	铅则
姐、阿姐	旁边	泽姐
蕾、阿蕾	末端	合蕾
梅、阿梅	朦朦胧胧	周梅
薇、梯薇	秤杆花	切薇
漂、漂呢	顺顺当当	杰漂
妞	心	少妞

由于基诺族男子和女子名字的常用音节加起来只有五十个左右，因此在基诺族社会中同名的人很多。对同名的人，基诺族往往用年龄、身体特征、氏族、在寨中居住的地理位置等来区分。例如：同叫腰波，年龄最大的就称大腰波，年龄次之的叫中腰波，年龄最小的叫小腰波；同叫药纳，腿长的叫长腿药纳，胖的就叫胖子药纳；同叫白腊者，卓巴氏族的就叫卓巴者，卓色氏族的

第五章 基诺族的社会习俗

就叫卓色者；同叫沙车，住在寨头的就叫卓塔车，住在寨中的就叫卓果车。另外，同名的人还有用与父母连名的方式来区别的。例如：同叫白腊者，父亲叫沙车，这个白腊者就叫沙车者；如果母亲叫杰得，白腊者就叫杰得者。还有根据同名人的特长或独特之处来区分的。例如：同叫白腊者，如果他还是打猎能手，就叫者年；如果他有汉族的干爹，就叫合者；如果有傣族的干爹，就叫切者。

基诺族人名字的第二个音节，无论男女，其意思大都与农耕和植物有关，还有少量取吉利、美等意思。基诺族人也常有以排行来起名的，如老大叫稍，老二叫科，老三叫妞，老幺叫蕾等。

在基诺族人的观念中，尚未起名就夭折的婴儿是不能算作氏族成员的，其属于鬼神所有。因此，一个尚未起名就夭折的孩子是不能埋到本氏族或村寨的公共坟地中的，只能草草地埋在村寨之外的荒野中。

基诺族的起名制度是基诺族传统文化的重要组成部分，在某种程度上反映了基诺族对自我的认知和期望。今天，基诺族人的名字已经不再局限于那五十个左右的常用音节，丰富多彩名字的出现，是基诺族经济社会发展和与外界交流加强的结果。

成年礼俗

一般而言，基诺族青年男女在13—16岁时举行成年仪式，基诺语称米考绕考婆。举行过成年礼的男女青年就正式成为村寨成员，并有了婚恋的资格，对家庭和村寨开始承担相应的义务。男青年举行成年礼时，父母要为其换上成年人的衣服，并送给他生产工具、挎包等。女青年举行成年礼时，母亲要为她围上围腰，父母还要送给她绣花挎包、生产工具等。当然，在现实生活中，不同的村寨其成年仪式的形式和内容往往会有所差异。

一、男子成年礼

第一种类型：么卓寨的成年礼。么卓寨的小伙儿16岁就要举行成年礼。在此之前，小伙儿的母亲早已为他准备好了一套崭新的成年人服装,并且还要为他缝制好一个标志着成年的挎包——筒帕。举行成年礼的那一天,小伙儿理发、沐浴后穿上准备好的新衣,接着独自或在伙伴的陪同下,端着一碗酒到尼高卓主动请求加入绕考俄。绕考阿朔和成员们表示欢迎即宣告这个小伙儿自此加入了绕考俄。

第二种类型:巴洒寨的成年礼。绕考俄的成员突然袭击把需要举行成年礼的小伙儿抬到绕考俄聚会的地方,小伙儿在听完绕考阿朔讲述参加绕考俄后应享有的权利和承担的义务之后就算完成了成年礼。当然,在"劫持"当事人的过程中,是不准用石头、棍棒等打当事人的。

第三种类型:扎果寨的成年礼。举行时间是在村寨中举行上新房仪式的时候,并且按惯例在"劫持"的过程中可以把有所反抗的当事人打伤。因此,为了防止机灵但需要举行成年礼的小伙儿在逃跑中受伤,绕考阿朔往往事先与举行成年礼的小伙儿家属沟通好,出其不意地使其就范。举行成年礼的小伙儿被抓到绕考俄聚会处按照分配的席位入座后仪式即宣告结束。

第四种类型：巴亚寨的成年礼。其也有"劫持"的仪式，但只允许在房屋外抓当事人，而不能在家中"劫持"。对于那些机灵而又难于抓到的当事人，只要得到当事人身上的一件信物即代表抓获了其本人。对于反抗的当事人，虽然不能用石头、棍棒等使其受伤，但可以用手抓破其皮肉。当事人被"抓"到绕考俄聚会处，在聆听绕考阿朔的例行训诫之后，就算完成了成年礼。

二、女子成年礼

第一种类型：么卓寨的成年礼。举行成年礼时，当事人的父母需要回避，由举行过成年礼但尚未婚嫁的女子为其操办全部仪式。首先，将当事人母亲为其准备的围腰缝在当事人的裙子上，然后在她的肩上"披"上其母为她"绣制"的能帕（能帕是母亲给予女儿的美好祝福）。数日之后，趁当事人不注意，举行过成年礼的姑娘们根据事先的策划，一拥而上，将当事人围住并按倒在地，然

第五章　基诺族的社会习俗

后把几天前缝在她裙子上的围腰撕下,表示她已经成年了,以后要自己主动围上标志成年女子的围腰了。

第二种类型:巴洒寨的成年礼。女子通常在15岁时举行成年礼。成年礼围绕着围围腰仪式而展开,并且在围围腰的过程中,有男性未婚青年的加入。仪式过程可长达4—8个月。

第三种类型:巴飘寨的成年礼。举行仪式的时间没有严格的年龄限制,以月经初潮为准。母亲一旦发现女儿月经初潮,就叫女儿围上早已为她缝制好的围腰,并换上一套新衣服,挎上挎包。如此之后,家庭里的成年礼就算完成了。此后,村寨中的米考俄还要举行对其成年身份确认的成年礼。

第四种类型:扎果寨的成年礼。通常女子到16岁就要举行成年礼。当事人需要自己围上母亲早已为其准备好的围腰,穿上新衣服,表示取得社交和恋爱的权利。

婚恋习俗

一、恋爱三阶段

基诺族人的婚恋比较自由,一般举行过成年礼的男女青年就有了恋爱的资格。传统上,基诺族青年的恋爱分为三个阶段:第一阶段基诺语称巴飘,即眉目传情阶段;第二阶段基诺语称巴宝,即互赠礼物阶段;第三阶段基诺语称巴里,即情人同居阶段。基诺族研究专家杜玉亭说:"除了丰富多彩的异性爱情外,基诺族还有同性爱情,氏族成员间相恋但不能结婚的爱情,巫师、祭司与'神女'相爱并举行婚礼后取得神职的神性爱情,以及神性包办婚等。"

二、婚礼仪式

经过自由恋爱的恋人决定组成一个家庭时,男方的父辈或兄长就会带着酒到女方家求亲。他们来到女方家为在场的所有人倒满酒,然后向女方父母求亲。求亲的人要连着去三天,如果三天倒的酒都喝完了,就表示女方父母同意了这门婚

第五章 基诺族的社会习俗

事。自此，男子就可公开住在女方家，帮助其生产。在女方家的同居生活短的一年，长的则几年。等选择好日子后，两人才举行正式的婚礼。

结婚的日期一般请寨中会择日子的老人选定。婚事大都由男方的舅舅出面，请上证婚人，一起到女方家商谈婚事。要得到女方父母和舅舅的同意，才能举行婚礼。

婚礼通常持续三天。结婚前夕，女子有出走的习俗，并由舅舅找回。迎亲队伍到女方家楼梯口要喝拦门酒，喝过拦门酒才允许进入屋内。在

婚礼仪式

迎亲的仪式中，由莫丕念祝词，新郎要送给新娘母亲一定的奶水费，送给新娘舅舅一些接人费。新娘到新郎家楼梯口时，新郎的母亲在此迎接，并将手中准备好的一个鸡蛋放在新娘手中，并为她拴上红线，意为把魂拴住。进门后，莫丕在新郎家举行祭祀，并念诵祭词。祭词念完后，入席就座，再念诵证婚词。当晚，由长老和歌手们唱婚俗歌，给予新婚夫妇祝福，并告诫新婚夫妇今后如何生产生活。最后，还要用鸡骨卜来预测新人婚姻美满与否。第二天清晨，新人还要请长老们释梦和辟邪，并由莫丕清点新娘的陪嫁物。第三天，新婚夫妇回门。回门时要给女方父母带上槟榔、肉、酒等礼物。而在一些村寨，结婚的过程中还有新娘以前的相好向新娘泼脏水的习俗。

上述只是基诺族婚礼的大体情况，事实上在不同的村寨，婚礼仪式也是不完全相同的。

三、婚姻特征与变化

基诺族基本上实行的是一夫一妻制，其传统的婚姻形态有以下几个特征：一是，寨内通婚。

第五章 基诺族的社会习俗

村寨盛行寨内不同氏族、家族之间联姻,很少与外寨通婚。二是,氏族外婚。婚姻的缔结只能在不同氏族之间进行,禁止氏族内部通婚。三是,族际通婚比较罕见,通常都是本民族之间通婚。四是,婚前同居普遍。在恋爱发展到巴里阶段后,男女青年就可同居生活。在同居过程中,生育孩子的情况也比较多,生育的孩子不受歧视。五是,离婚较为自由。结婚后男女双方都有提出离婚的权利,性格不合、丈夫不能体贴妻子、一方有外遇等都可能导致离婚。

20世纪50年代以来,基诺族的婚姻发生了许多变化:一是,寨内通婚存在的同时,不同寨子之间通婚的现象增多,并占据了主导地位。二是,氏族内部禁止通婚的限制已经松弛。三是,族际通婚增加。20世纪70年代以后,基诺族与汉族、傣族、布朗族、哈尼族等通婚的情况逐渐增多,并且一些基诺族姑娘还远嫁河南、广东等省。四是,婚前同居及婚前生育情况曾一度减少。但近些年来,婚前同居现象又逐渐增多。五是,离婚现象也曾一度减少，但20世纪80年代以来，基诺族的离婚率有上升趋势。六是，婚姻观念发生了变化。首先是择偶标准呈现多元化；其次是婚礼消费逐渐增加，婚礼的时代特色也越来越浓。

丧葬习俗

基诺族主要实行土葬，挖独木为棺，葬于村寨中的公共墓地内。其葬俗主要包括停尸、滚布、入殓、出殡、安葬、善后等程序。下面简单介绍一下其中比较有特点的几个葬俗。

一、滚 布

人死后到入殓前要在家中停放一两天，称为停尸。停尸完毕后，死者已经结婚的儿子要举行滚白布的仪式。白布的长度一般相当于九个普通人的等身。在所有滚白布的儿子之中，小儿子滚的白布要最长，二儿子次之，长子最短，这样的区别是因为小儿子要赡养父母。滚布仪式主要是为了考察儿子儿媳是否孝敬死者，如果所滚的布顺直则表示孝敬，不顺直则表示不孝敬。

二、出殡及安葬

独木棺越过火塘从阳台抬下直至墓地后,开始选墓址。墓址由死者的儿子以抛鸡蛋的方式来选择,即将鸡蛋抛出后,鸡蛋在哪里摔破那里即为墓穴所在。墓穴位置确定后,丧礼主持者尤卡(基诺语,义为老人)根据死者脚朝杰卓山、头朝祖先神寨的方位用竹竿量好墓穴尺寸,并用锄头在墓穴的四边各挖三锄作为标记。棺材移入墓穴后,大家把棺材盖打开,见死者最后一面。盖上棺盖前,托死者带东西的人纷纷把带来的东西放到墓穴内棺材的四周。接着,死者的家属把死者生前用过的竹篾席、被褥等物盖在棺材上,然后所有送葬的人每人捧几抔土投入墓穴,最后由几名男子用锄头挖土把墓穴填平,并使其微微隆起。最后,死者家属在坟墓之上用从家中带来的竹子搭盖坟棚,并在坟墓右侧竖起梭罗(一种形似十字的上面挂着基诺族服饰的丧葬用品,办丧事时由老年人制作两三个),在坟墓死者头部的位置即坟棚的背面插上中(指一种用一根小竹竿做骨架,在其上挂上各色小布条、贴上各种动物形象的剪纸而制成的丧葬用品）和衣服。一切就绪后，点燃一串鞭炮，鞭炮响过后送葬队伍即返回寨子。

三、善后活动

安葬回来后，尤卡需在死者家的正厅举行一次祭酒仪式。通过祭酒盟誓，表示死者离开家到祖先神寨去生活了。

入葬后的当晚或第二天晚上，需请莫丕举行阿买喝的人神分离仪式，旨在让死者与恶鬼分开（以巴亚寨和巴卡寨为例）。不同的寨子，葬礼的程序和内容会有所差异。

节庆习俗

基诺族在每年相对固定的日子都会举行一些活动来欢度本民族的节日，如打铁节、播种节、祭天节、祭祖节、吃新米节、叫谷魂节、祭寨神节等。在这些节日里举行的活动内容以农事和万物有灵信仰为主，反映了基诺族传统社会的生产生活方式和宗教观念。近些年来，随着传统生产

第五章　基诺族的社会习俗

生活方式的消失或改变，传统节日的内容也随之发生了很大变化。这里只简略介绍一下打铁节。

打铁节，基诺族称特懋克，特义为打，懋克义为大的铁，特懋克就是打铁节或盛大的打铁节。以前，并不是所有基诺族人都庆祝特懋克，主要是阿哈、阿西两个支系过这个节。过特懋克的时间顺序一般是父寨、母寨先过，然后儿女寨根据建寨先后顺序和辈分的大小再接着过。依照此规则，等基诺山的阿哈、阿西两个支系的各个寨子都过了特懋克，大约需要一个月的时间，故在基

欢度特懋克节

诺族的历法当中这个月就被称为"过年月"。

各个寨子每年过特懋克的时间除了遵循上述顺序之外,还需由村寨长老根据物候来决定具体的过节时间。1988年1月28日,西双版纳州人大常委会作出决定,把基诺族庆祝特懋克的时间定为每年的2月6—8日。一个完整的特懋克通常要庆祝三天,要举行祭大鼓、歌舞表演、民族体育比赛等活动。

祭祀与占卜

一、农业生产中的祭祀

过去,基诺族从事刀耕火种的农业,要根据季节的变换依次进行备耕、选地、号地、砍地、烧地、捡地、整地、盖窝棚、播种、围栅栏、除草、护秋、收获、运粮、归仓等工序,而在此过程中,各种农业祭祀礼仪也随之上演。

首先举行的是备耕仪式,也称为打铁仪式,即特懋克,为全寨性的活动。一般在农历正月举行,并且要连续举行三天。第一天,举行剽牛、修寨

第五章 基诺族的社会习俗

门、尕拉（凑食物）、尕祝里（辞旧迎新）、祭鼓（跳大鼓舞）等仪式活动；第二天，村寨长老卓巴任命铁匠，然后铁匠开展修铁房、象征性的打铁活动，寨民要杀鸡和用南瓜献祭铁匠和鬼女，还要修制工具；第三天，进行歌舞、游戏等娱乐活动，晚上在卓巴带领下举行象征性的选地、号地等备耕仪式。

接着举行的是砍地（锄地）仪式。农历正月，在村寨各家各户的轮歇地已经砍了大部分的时候举行此仪式。此仪式由村寨长老卓巴和卓色同时分别举行。他们在自家阳台的楼梯口处摆设祭品祭祀鬼神。此仪式举行后三天，各家各户要把轮歇地里的剩余部分砍完。在砍这部分地的时候，要在地中平坦的地方插两根树棍，在其上绑上达流，并在地里种上三窝芋头、三坨姜。对于已经隔了十三年才砍的地，还要杀狗祭祀地鬼。

砍地仪式后举行烧地仪式，时间一般在农历二三月。仪式由拥有这块地的人家中年纪最大的男性主持。祭祀时要杀一条狗驱鬼，杀两只鸡祭祀树神和山神，并用鸡毛蘸着狗血和鸡血涂在达流上,并将达流插在地边,然后仪式主持人要念一些祈求和祝福的祷词,念完后所有参加者将狗肉和鸡肉煮熟分食之后,就可以烧地了。

农历三月,地烧好后,要在地旁搭建窝棚,作为播种、看护和收获时休息的场所。盖窝棚前卓巴、卓色先在自家地中举行仪式,然后各家再举行此仪式。窝棚立柱时,要在柱洞里面放入铁渣和竹鼠骨头,用来驱邪撵鬼。窝棚盖好后,在窝棚的竹子上绑上涂了鸡血、粘了鸡毛的达流。

农历三四月,基诺历的九月,在正式播种前要举行播种仪式。仪式由卓巴主持。有的寨子在播种仪式正式开始前,要杀水牛祭祀,并分食牛肉。播种仪式以家庭为单位举行。卓巴先要在自家的山地里举行此仪式。仪式举行的那天早上,卓巴带着一只公鸡、一只母鸡、银圆、姜、芋头、荆芥花和鸡冠花籽等来到地里,对着窝棚插两根树枝并在其上绑上达流,再在树枝上插一根盐酸木树根,把装有鸡毛和粗糠的小竹筒放在地上,在地里埋下姜和芋头。然后,卓巴再把带来的各

第五章 基诺族的社会习俗

种种子撒一点,接着杀鸡,把鸡血涂抹在达流和窝棚上,并在鸡血上粘上鸡毛,并念祭词。祭词念诵完毕后开始播种。

农历五月,要举行祭天仪式,基诺族语称蹉跎。祭天仪式由卓巴和柯普洛主持,要准备一头白猪、一头黑猪、一只白鸡、一只黑鸡、两个鸡蛋、两包糯米饭和两包肉、四片槟榔叶等作为祭品。祭品准备好后,柯普洛和卓巴抬着竹席和竹篾桌,背着鸡,赶着猪,来到寨子中打雷的地方,把1米左右长的竹竿破成十多片竹篾片编成鱼篓样插入土中,并竖立起一根竹竿(有的寨子将竹竿竖立在卓巴家房前而不是打雷处),在地上铺上芭蕉叶,摆上各种祭品,把猪和鸡杀了后,割下猪头和鸡头挂在竖立的竹竿上;然后,卓巴面朝祭品跪在竹席上,向天磕三个响头,接着一边撒米一边念祭词。祭词内容多为请天神保佑庄稼有个好收成,保佑人畜不遭受野兽侵袭,保佑人不被雷击,保佑下河捕鱼、上山打猎能够有好的收获等。

一般在农历六月举行驱虫仪式。在氏族长老

或村寨长老选择的一个吉日的晚上,由他们带领,村民点着火把到地里面驱虫禳灾,然后又到村寨中支起火把,全寨人围着篝火唱歌跳舞。

每年农历九月末举行吃新米仪式,庆祝新米节。谷子成熟即将收割时,选择一个吉日,各家各户到地里采集各种农作物,开花的摘花,结果的摘果,无花无果的采芽尖,并掐三把不同地里生长的谷穗,用筒帕背回家后,把谷穗绕个圈圈放在饭甑里蒸熟。另外,还要杀七只鸡,并把整鸡放在锅里煮,分别献给铁匠,莫丕,白腊泡,死去的阿爸、阿妈,男性家长和女性家长,每人一只。鸡煮熟后,把竹篾桌摆放在火塘边,然后把蒸熟的谷穗、南瓜尖、冬瓜花、葵花、豆子、高粱穗、黄瓜花和一只公鸡、一只母鸡摆放在篾桌上,如果有金银、手镯也要摆放在桌上。最后,由男性家长念诵祭词,请祖先、寨神和巫师们来品尝新米,并保佑稻谷丰收。

每年农历十月,当山地里的谷子收割、脱粒、归仓之时或者归仓完毕之后,各家各户都要选择吉日举行叫谷魂仪式。仪式进行的那天早晨,男性家长要用竹篾鸡笼背着几只鸡来到山地中,采一些野花插在鸡笼上,然后拿出一个竹篾盒子,里面摆放着手镯和银币,接着边摇篾盒边念诵祭词:"谷子回来哟,谷子回来哟,谷根留下,谷魂不留,谷壳留下,谷粒不留,谷秆留下,谷灰不留,我背的金谷像僧描果一样闪亮。我用鲜红的公鸡,用树浆那么白的白银,用南瓜那么黄的闪光的金子,来叫你的魂。"

祭词念诵完毕,男性家长就背着鸡笼往回走,在路上不能回头,如果遇到岔路口,要在岔路口放下一束插着鲜花的稻草。回到家后,就杀鸡宰猪,把鸡头、猪头挂在谷仓前献祭谷魂。家人用新米煮好米饭,做好各种菜肴,并把它们摆放在桌上,献祭寨神、祖先及各种神灵。献祭完毕,全家人高高兴兴地享用桌上的食物,仪式也宣告结束。

二、狩猎中的祭祀

过去,狩猎是基诺族获得食物的主要方式之一。基诺族把动物分为善、恶、中性三类,而且认为每类动物都由专门的鬼来管理。因此，对于狩猎，基诺族有相应的祭祀和禁忌。如基诺族认为野牛是善兽之王，不能随便猎杀。巴卡寨的猎手一般都不敢猎杀野牛；如果猎杀了野牛，他们认为家里人会得病。即使在敢于猎杀野牛的寨子，如果猎获野牛，必须让全寨的男子来祭祀后才能抬回，并同时要敲七柯和布谷两种竹筒乐器，而野牛的头骨则要放在房梁上，每年祭祀。对于其他善类动物，基诺族也有相应的捕杀和食用礼仪及禁忌。而对于恶类动物，如虎、豹、蟒蛇等，基诺族人一般对其敬而远之，即使捕获也要在寨外分割煮食。而大象这类属于中性的野兽，基诺族一般不猎杀。

三、日常生活中的祭祀

在基诺族社会中，父亲去世一年后，儿女们要重新盖房，意思是把自己的房子献给父亲。新房落成时，要举行一次隆重的祭祀活动，即上新房。祭祀父亲的上新房，基诺语称左喜达。一般在每年收完谷子后至年底这段时间举行。祭祀前先要请白腊泡占卜择吉日,要避开父母及家人的忌日以及自己的生日和结婚日。上新房仪式,通常由长子负责举办,其他儿子只能协助。上新房仪式一般要在父亲死后举行,或死后每九年举办一次,每次都必须杀死一头黄牛来祭祀父亲。祭祀时,要请莫丕来主持仪式,莫丕并念诵撵鬼词。

家庭祭祖,一般在年节时举行。各户家长剽牛后拿回来牛肉,选取一点先炒熟,把其献祭给祖先。通常是从过节的第一天开始,要连续祭祀三天。

四、占卜与征兆

在历史上很长一段时期内,基诺族几乎处于与世隔绝、生产力低下、生活贫困的状态中,他们相信万物有灵,崇拜祖先,因而在基诺族社会中,存在多种预测吉凶的占卜和征兆形式。包括米卜、梦卜、贝卜、鸡大腿骨卜、鸡爪兆、鸡舌兆、鸡头兆、鸡脑壳兆、兽头骨兆、兽下巴骨兆、结草兆、刻木兆、鸡蛋兆、火笑兆、饭甑子蒸汽兆等。现简单介绍几种占卜和征兆。

（一）米卜

占卜时请白腊泡用右手拇指、中指、食指从问卜者衣服包或碗装的米中捏出一撮米，然后放在左手心数单双数，右手捏米、数米数量的同时，念词问病因。每个病因问三次，如果三次询问时捏到的米都为双数，即可确定病因。白腊泡就可根据占卜者的病因让其回家做相应的祭祀。

（二）贝卜

由白腊泡施行，其方法是：白腊泡把贝壳立在竹杯的边上或者自己的指甲盖上来预测问卜者的病因，每问一次病因立三次贝壳，如果贝壳三次都能立起，即可确定病因。白腊泡就可告诉当事人消解祭祀的方法。

（三）鸡大腿骨卜

这是基诺族在猎获大的野兽后以及举行上新房仪式时进行的一种占卜。通常是在莫丕和长老的主持下，在煮熟的鸡大腿骨的缝隙中插上竹签，竹签顺直为吉，斜陡为不吉。女人和还没有杀过黄牛、上过新房的家长是不能进行鸡大腿占卜的。

(四)兽头骨兆

当猎获麂子以上的大型野兽时,在午夜吃过兽头汤之后,要把兽头骨捆好悬挂在火塘上方的竹架上进行占卜。占卜时,家长用手将兽头按顺时针方向转动。如果兽头骨停下后面向家长的房间就为吉兆,表示还将继续猎获野兽;如果兽头骨停下后面向门外,则表示别人家将猎到野兽;如果兽头骨停住后面向家长房间的斜对门则为不吉,表示不能打到野兽。

(五)兽下巴骨兆

在吃完野猪、熊、马鹿头颅上的肉后,要用其下巴骨进行占卜。占卜时,要在下巴骨上插竹签。如果骨头上有洞但竹签只能斜斜平平地插进去,为不吉,表示接下来将打不到猎物;竹签从牙齿方向插入头部为吉兆,表示能够连续捕获猎物;如果骨头上没有洞,竹签插不进去,也为吉兆,同样表示可以连续打到猎物。

(六)结草兆

主要用于预测打猎。用一把长约50厘米的茅草，左手抓住草根部，右手把草尖结成疙瘩，再用右手在草根部打结，待草尖、草根部的结都打完就放下。如果有一个草圈脱离则为不吉，表示猎不到野兽；如果所有的草都结成环则为吉，表示将会打到野兽。

（七）刻木兆

在山上狩猎时，砍下一根1米多长的小树棍，然后任意在树枝的两边用刀砍刻口，先砍的一方代表神，后砍的一方代表人，然后数数看吉凶。

（八）鸡蛋兆

多用于询问放病的是何种鬼。问卜者拿着一枚鸡蛋到巫师家，巫师将鸡蛋放在自己的右手掌中，口中呼喊各种鬼神的名号，每个鬼的名号叫三遍，如果念到某个鬼的名号时鸡蛋立起来，说明病人就是被此鬼缠住。问卦者返回家后，就可做相应的祭祀。

（九）火笑兆

基诺族还用火塘中的火对来访的客人进行预测。火塘烧火时，火苗发出呼呼的声响，并指向火塘外，是有客人来的征兆。如果发出响声的火苗是从长的柴火上升起的，表示要么客人是从远方来，要么客人很晚才会到；如果发出响声的火苗是从短的柴火上升起的，则表示要么客人是从近的地方来，要么客人很快就会到来。

（十）饭甑子蒸汽兆

基诺山亚诺等寨子举行吃新米仪式时，家长率领家庭成员到最先播种的一块山地里采集新谷、瓜、豆、花等，接着把新谷舂成米后与其他采集来的食物一起放在饭甑子里面蒸，然后观察饭甑子里冒出的蒸汽。如果蒸汽先从家长居室对面接班人的方向冒出，为吉兆，象征谷类丰收；如果蒸汽先从摆放野兽头骨的房间那边冒出，为吉兆，表示狩猎将会有好的收获；如果蒸汽从家长卧室右边的门那边冒出，为不吉，象征多灾和祭祀鬼神的事多；如果蒸汽先从摆放野兽头骨房间对面卓巴放大鼓的地方冒出，为不吉，象征人多病、死的人多于以往。

第六章　基诺族的艺术生活

基诺族的艺术源于现实生活,更服务于现实生活。在山野中,基诺族的歌声、舞姿与自然相融,基诺族的音乐倾诉着人与自然互动的历程,基诺族的纺织是人们善用大自然恩赐的表现,基诺族的美术是人们对大自然心怀敬畏的反映。

回荡在山箐中的悠扬歌声

歌曲是对现实生活的反映与畅想。基诺族在日常的刀耕火种、采集狩猎的生产生活过程中创造了丰富多彩的歌谣和曲调。依据基诺族民间对歌曲的称谓,结合演唱的场合、形式、作用以及歌曲的内容,可以把基诺族的民间歌曲分为创世

第六章　基诺族的艺术生活

歌、礼仪歌、生产歌、情歌、祝酒歌、儿歌、摇篮曲等。

一、创世歌

在基诺族老年人中流传着关于基诺族起源的创世古歌。如巴亚寨流传有《开天辟地》。其歌词大意如下：

> 创世母亲造的天，
> 创世母亲造的地。
> 地上所有的大平坝子被创世母亲造好了；
> 像澜沧江一样的大河被创世母亲造好了；
> 白色的九座大石岩被创世母亲造好了；
> 黑色的大石岩被创世母亲造好……

二、礼仪歌

这类歌曲在祭祀、庆典、婚丧等场合唱诵。包括祭祀歌、寨理歌、寨际礼仪歌、习俗歌等。

三、祭祀歌

此类歌曲与宗教活动密切相关。其代表性的

歌曲有过特懋克时唱的《祭祀铁匠神》《祭鼓歌》等。每年过特懋克时，各个村寨都要在长老的主持下祭祀村寨神器——大鼓。祭祀大鼓时，长老唱诵的祭词即为《祭鼓歌》。首先是首席长老祭唱，接着为第二长老祭唱。祭祀歌还包括刀耕火种农业生产过程中举行各种祭祀活动时的唱词。

四、寨理歌

寨理歌即《普遮之》，也称《卜者子》。普义为寨、根根，遮义为种或一个氏族的人，之义为合、汇集，普遮之即是山寨礼俗的汇集，其实就是基诺族一些传统知识的汇集。《普遮之》通常在过节的第一天晚饭前念唱，其内容包括寨子长老如何根据节令选择过节的时间、特懋克的来历以及过特懋克的各种礼俗、铁匠如何准备用具和打铁、长老如何带领大家备耕等。长的《普遮之》可达数万言，需要唱一个通宵，通常情况下也要唱约三个小时。

五、寨际礼仪歌

寨际礼仪歌即《三鲊》，又称《三鲊要果》，其

第六章 基诺族的艺术生活

为过特懋克时念唱的寨子与寨子之间的礼仪歌，一般以过特懋克寨子的长老与外寨来宾对唱的形式表现。其内容包括四个部分。第一部分由过特懋克寨子的长老简要叙述基诺族的历史以及筹备特懋克的情况等内容。第二部分是主人表达热烈欢迎客人到来、希望款待客人之谊，客人则表达感激之情。第三部分是主人询问客人来访的途中是否顺利、本寨是否清洁干净、宴会酒席是否丰盛，以及希望客人谅解招待不周的地方等，客人则一一作答。表达了彼此间的团结友好之情。第四部分是主人请客人给予寨子祝福，客人向主人祝福，并共同为基诺族人祝福等。

六、习俗歌

习俗歌包括过年调、贺新房调、婚礼调、丧事调等。演唱形式有独唱（只限于丧事调）、齐唱、领唱加伴唱等三种。

七、生产（劳动）歌

基诺族男子喜爱狩猎，猎获野物后回寨子的路上要唱歌以示庆祝。演唱时多敲击具有不同音高的竹筒为伴奏,故此类歌曲被称为竹筒调。此外,还有表现狩猎生活情趣的《扣子勒小鸟》《下竹筒扣》等歌曲。

八、情 歌

情歌是基诺族歌谣中最为丰富的部分。基诺语称巴格勒,巴义为情、爱,格勒义为歌、曲调。可以唱情歌的人年龄跨度很大,按惯例任何人在成年礼后都有资格唱情歌,直至中老年。情歌始终是人们最喜爱的文学形式。由于情歌的内容丰富,涉及不同的年龄层和不同的情爱对象,因而也就产生了以下不同的情歌分支:

巴洒或巴舍——赞美恋人的情歌;

巴勒——强烈追求对方时所唱的情歌;

巴飘绍——相思的情歌;

巴也——对变心恋人的嘲讽情歌;

巴交或巴扑——已婚旧情人间唱的情歌;

巴什——氏族内恋人间唱的情歌;

巴肖交或交斯巴格勒——失去恋人时所唱的情歌。

第六章 基诺族的艺术生活

九、祝酒歌

祝酒歌是在喜宴、节庆聚会等场合演唱的歌曲。如近年来流行的《杰普得》。基诺语中酒称为杰普,得义为喝,杰普得就是喝酒。

> 杰普得,杰普得。
> 杰普杰木例得。
> 玛车啰,杰普得。
> 杰普杰木例得。

歌词大意为:喝一杯,喝一杯。喝啊喝一杯。朋友来了,喝一杯。喝啊喝一杯。

十、儿歌与摇篮曲

(一)儿歌

基诺语称佐交交么,义为小孩子玩耍时唱的短歌,其形式多样、内容广泛,且富于奇想。如《大家都到玩场去》《背着也要吃奶》《我想吃上寨的小香瓜》等。《大家都到玩场去》唱道:

寨中玩场多宽敞，大家快到玩场上，

基诺人知心的朋友聚一起，

要把机密的事来做，

要找知心的人来商量。

拖搓的坟墓上，大家来跺脚，

食人的鬼，

献你三包三片腌酸的肉，

叫你永世不复生，

切收奶奶给你一枝驱鬼的板蓝根。

（二）摇篮曲

也称哄娃娃调，基诺语称厄勒勒竹，主要是为婴儿唱的短歌。演唱者为婴儿的父母等亲属和8岁以上的少儿。多在哄孩子入睡时咏唱，也有父母远行时嘱咐在家孩子时唱的。歌词内容多为夸奖孩子听话、长得漂亮等，也有的歌词内容是告诉孩子父母去干什么、给孩子带来了什么、给孩子吃什么等。由于基诺族摇篮曲的独特性，2005年，其成为西双版纳州第一批州级非物质文化遗产项目。

以大鼓为中心的舞蹈

基诺族的舞蹈主要分为习俗性舞蹈和娱乐性舞蹈两种类型。习俗性舞蹈主要包括大鼓舞、贺新房舞、丧事舞、祭祖舞等。娱乐性舞蹈主要包括儿童舞蹈、姑娘舞、跳笙等。

一、大鼓舞

基诺语称厄扯锅或司土锅。厄扯义为歌曲中的衬词,司土即吊鼓,锅义为跳。据说大鼓舞的起源与人们感谢阿嫫腰白创造天地、把基诺族人

大鼓舞

带到世间有关。在以前，大鼓舞只在三种场合跳，即过特戀克时、白腊泡祭祀苔洛蒙媄时、卓巴或卓色盖新房时。

跳大鼓舞时，一人击大鼓背面，一人击铓锣，一人击镲，一人在鼓前边舞边击，旁边伴唱助兴者（边舞边唱）若干人。跳大鼓舞时伴唱的歌曲有《厄扯锅》《乌攸壳》《特模阿咪》等。《厄扯锅》流行于巴卡、巴亚一带，其节奏欢快，边唱边喊。《乌攸壳》流行于巴朵一带。一般由一个人演唱。演唱者表情严肃，旋律似喊似唱，速度自由。《特模阿咪》流行于巴洒、巴朵一带。早期只有父寨、母寨可以演唱，儿孙寨不能演唱。演唱时，以男女对唱为主，节奏舒缓，唱一拍敲一下铓锣，一人领唱，众人附和。领唱者唱歌词的主要部分，众人和衬词。曲调高亢欢快，震人心扉。

随着社会的变迁，大鼓从山寨神器逐渐演变为民族文化的象征和歌舞娱乐道具。大鼓舞的功能逐渐由沟通人神转变为娱乐大众，跳大鼓舞的时间和场合也没有了严格限制。由于其内容的丰富性和独特性，2006年5月，基诺族大鼓舞被收录在《第一批国家级非物质文化遗产名录（少数民族部分）》中。

二、贺新房舞

基诺语称刹锅克或沙切高，是在举行上新房仪式时以领唱兼合唱为形式的歌舞。上新房舞流行于基诺山各个村寨，举行上新房仪式的时间多在旱季便于伐木割草建房的月份。该仪式要持续一天，跳贺新房舞是其主要内容。跳舞的地点通常在新房的火塘边。跳舞时由领头者带领众人手

贺新房舞

拉手围成圈，同时圆圈留个缺口以便让后来者随时加入，另外还有两个领唱者，一个坐在灯下，一个在舞者中间。舞蹈开始后，伴着脚踏新楼篾笆的声音，歌曲也开始了。坐着的领唱者先领唱一句，舞者中的领唱者重复前者的歌词，然后众人接着重复这句歌词。边歌、边舞、边饮，通宵达旦。在过去，跳贺新房舞时专门有人维持秩序，旧情人可以接触，这时夫妻间互不干涉，但离开这个场所又另当别论了。

三、丧葬舞

此种舞蹈有多种类型，主要流行于勐旺乡补远村和基诺山巴卡村一带。流行于勐旺乡补远村的有司门（义为安息）、司秋（义为安葬）、阿莫松铁祭（义为今晚要跳鬼），流行于基诺山巴卡村一带的有打克锅（义为跳竹片）和托跻卡（义为敲舂米棒）。

（一）安息舞

为死去的年轻姑娘所跳的舞，舞蹈者也全为女性。跳舞的场所为死者家房前的平地上，时间通常为人死的当天晚上。舞蹈时年轻的女子手拉着手面对面围成圆圈，按顺时针方向移动，边唱边舞，无乐器伴奏。

（二）安葬舞

在老年人丧礼期间跳的舞。停尸的每个晚上都要跳。跳舞时男女都可参加，且人数没有限制。跳舞的人手拉手面对面围成圈，边唱边舞，不时变换动作。

（三）驱鬼舞（阿莫松铁祭）

在村寨氏族长老去世时跳的舞。停尸在家的每个晚上都要跳。跳这个舞蹈时，有三名领舞的男性，他们面戴笋叶壳做的面具，穿着妇女的服装，小腿绑上白色裹脚布，手握铓锣，与伴舞者站成三角形；伴舞者双手持竹筒面对面而舞；同时，有歌伴唱，有铓锣伴奏。

（四）跳竹片或竹片舞

为男性所跳的舞蹈。村寨中的成年人死后，尸体停放好后，舞者在死者家跳。参加舞蹈的人通常为四个，三个伴奏者坐成三角形，每人手执一片宽竹片击地伴奏,舞者合拢双脚原地跳一下,接着向前跳两下后,从伴奏者手中的竹片上一跃而过,如此周而复始。

(五)敲舂米棒舞

为村寨中的男子在老人死的时候跳的舞。跳之前要在死者家的楼梯下钉一根木桩,木桩两边各摆放一根舂米棒,下放木杆或竹竿于两头,伴奏者蹲在木棒两头,持棒相碰,舞者以此节奏而舞。舞者立于木棒之间双手抱着木桩,单脚轮换在棒击间隙点跳,跳时不能让脚与木棒相碰。此种舞蹈后来演变出了竹竿舞。

四、祭祖舞

流传于基诺山巴朵寨,有大遮克追和小遮克追两种。遮克追义为围着竹竿大步跳。

(一)大遮克追

该舞在祭祀祖先的人家楼梯前跳。跳之前在祭祖人家楼梯前竖两根2米左右长的竹竿做支柱,每根竹竿顶端分别套上野花扎成的花篮。两根支柱间用上中下三根横杠相连。在上面一根横杠平面垂直的位置再加一根横杠作为平台,平台中间放一间用泡树心做成的代表祖先灵魂居所的小房子。舞蹈开始后,两个舞者面对面双手扶着中间的横杠,双脚并拢围着支架向前踩跳三圈,最后舞者回到出发时的位置舞蹈就结束了。舞蹈结束时,舞者走向举行祭祖活动的阳台发出"哦——哦——"的喊声,众人应和之后再举行其他仪式。

(二)小遮克追

有十一名舞者参与表演:一人手持大刀向两边砍,一人手持斧头劈向两边,一人手持锄头向前面挖,六人分别扮演猪、牛、羊、鸡、狗、鸭等动物角色并弯腰跟随行走,还有两位老人把脸抹黑装扮成叫花子,他们一人背竹箩,一人提肉串在舞者中间穿插嬉戏。全体舞者围着事先搭好的支架慢走三圈,在走的过程中动作自如,接近生活。全程无音乐伴奏。

五、娱乐性舞蹈

(一)儿童舞

基诺语称左交交么。跳此种舞蹈者多为5—12

岁的儿童,舞蹈形式多种多样,有围圆圈跳、排行跳、勾脚单腿跳、拉手跺脚跳等。这类舞蹈舞姿活泼大方,大多是载歌载舞,通常没有伴奏。此类舞蹈的代表有《布机腊腰么拉》(《那是星星吗》)、《斯诺罗色》(《进和退》)、《雀罗起戈雀罗》(《小鸟笼子》)、《阿机作车》(《搭脚跳》)、《阿的得阿莫》(《玩场多宽广》)、《的比的必》(《比高比矮》)等。

(二)姑娘舞

基诺语称竹骨能,为年轻女性的集体舞,参加人数不限。跳舞的场所为村寨中的活动场。舞蹈时,后一个人把双手搭在前一个人的肩上,围成圆圈进行,屈膝扭臀,半蹲,脚跟右碾,以逆时针方向行进。

(三)跳笙

舞蹈时唱词全用汉语,故人们通常认为此种舞蹈是由外传入的。常跳的有对脚笙、插花笙、合脚笙、羊打架等。此类舞蹈在结婚、节庆、亲友相聚等场合都可见到,男女老少均可参加。舞

第六章 基诺族的艺术生活

蹈时，有三弦伴奏，有简单的队形变化，舞步多样，不时变化。

竹木奏出的和谐之音

一、大 鼓

大鼓，基诺语称司土或司通，一般选用椿木、埋索木、红毛树、苦果树等质地细腻、不易开裂和变形的树干中部，凿空让其自然风干后修制而成。

各个村寨的木鼓大小不一。通常情况下，鼓面直径为60—80厘米，鼓身呈直筒状，长1.3—1.5米。鼓腔壁厚三四厘米，鼓腔外壁向上一面两端各凿有一个鼓耳，一般用竹篾编绳穿在鼓耳上，可把鼓悬挂在木杠上。鼓面用黄牛皮蒙制。在制作鼓面、固定牛皮时，要用长约30厘米上方下尖的棱状木钉沿鼓身两端外壁把牛皮钉牢，之后，木钉还有约20厘米露在外面，呈放射状环绕在鼓身两端外壁。从鼓面方向看去，大鼓犹如放射着光芒的太阳，故有人把基诺族大鼓形象地称为"太阳鼓"。

二、七柯和布谷

七柯和布谷为敲击乐器,都由七个竹筒组成,七柯较布谷稍小。七个竹筒由低音到高音,基诺语分别称为崔嫫、交豁罗、崔遭捞、纽给列、格勒格列、格勒得、优优。在一些寨子还用村寨七老的称谓来分别给七个竹筒命名。七个竹筒要选用同一根大小合适的毛竹或甜竹制作。一般先制作高音竹筒,再依次制作低音竹筒。传统上,七柯要在猎获麂子及其他小型动物时敲击,而布谷则在猎获比麂子大的动物如马鹿、大野猪时敲击,在猎获野牛时则是要七柯和布谷一起敲。因此,基诺族人往往根据敲竹筒的声音,在远处就能猜到猎手捕获的是什么动物。

三、用泡竹或甜竹制作的乐器

(一)别土鲁

别土鲁为吹奏管状乐器,一般用泡竹或甜竹制作而成。此乐器管身中间以自然竹节分隔,分为上下两段,上短下长。上段为吹嘴部分,下段为按音管部分。在靠近竹节处的上段和下段各开一个小孔，两孔之间挖一个通气小槽，并用蜂蜡贴在上孔处调整气流发音。下段开两个发音孔。别土鲁吹奏的时间为秋收季节，在家里、野外都可吹奏，遇丧事忌吹，多为男性表达爱情时吹奏，具有代人说话的功能。

（二）别拖

别拖又称别拖梅缺列，别泛指吹管乐器，拖指通的竹管，梅缺列义为吹嘴有夹片。为竖吹管乐器，一般用泡竹或甜竹制作而成。在制作时，选用一节无竹节两头敞开的竹子，把底部敞口处削成斜面，然后在管身上制作发音簧，并开两个发音孔。别拖音色响亮柔和，为男性吹奏情歌时所使用。常用技法有吐音、连音、长音、滑音和颤音等。

（三）哟者

哟者义为传来的好乐器。流行于基诺山巴卡老寨、新寨和小寨一带。选用泡竹或甜竹制作而成。在制作时，选用一节较长且无竹节两头通气的竹子，并将竹子两头削成平面，以接近根部的一头作为吹口,在吹口处挖一个U形缺口,作为进气发音之用。从管身二分之一处往下,每隔一个拇指的距离开一个发音孔,依次开四个发音孔。竖吹,吹奏时用嘴唇把竹管口盖严,只留U形吹气孔吹奏。哟者为男性专用乐器。

(四)别别

为一种吹奏管乐,用比较细小的泡竹制作而成。在制作时,吹口一端留节,下端敞口,在离吹口20多厘米处开一个深约管身三分之一的斜口,斜口面向出口一端。在所开斜口处挑出长形簧片。吹奏时,气流挤压振动薄薄的簧片而发音。在正对簧片往下约两指宽的管身处开一个音孔,然后依次向下每隔一个食指宽开一个音孔,共开五个音孔。别别男女皆可吹奏,男女之间可把其作为礼品相互赠送,以表达爱意。

(五)憋别搓咧咧

为一种竖吹的簧振套管竹乐器。憋为状声词,别泛指吹管乐器,搓义为剖开,咧咧为状声词。用细小的泡竹制作而成。在制作时,下端敞口处要制成撕裂状,吹奏时气流振动管身带动撕裂的竹片发出颤音。在田间地头、寨子内外都可吹奏,秋收季节比较盛行,吹奏者多为女青年。憋别搓咧咧还可当作男女之间的爱情信物相互赠送。

(六)师别

亦称提别、聂别,为横吹竹管乐器。师义为死、去世,别是吹管乐器的泛称。用泡竹或白皮竹等竹节较长的竹子制成。制作时一端留竹节,一端敞口,在竹节的旁边开一个吹气孔,管身上没有任何按音孔。师别只能在为60岁以上的死者送葬的时候吹奏,除此之外的任何时间和场合都忌吹,否则将被视为不吉利。送葬时,用长短两个师别合奏《送葬歌》。这种乐器只在送葬的现场制作,等死者安葬完毕,就插在死者墓上,不带回家。

无文字的社会记忆

基诺族没有本民族的文字,他们通过刻木、刻竹的方式来进行日常记事。所以,基诺族没有历史文献和书面文学,其历史、文化等都是通过口耳相传来传承的。基诺族口传的民间文学在基诺族传统社会中具有重要作用。

一、神话与传说

基诺族神话的出现是以万物有灵的观念为基础的。基诺族认为世间万物都是由鬼神支配的,而对于世界是从哪里来的、天地万物是怎么产生的、人是从哪里来的等系列问题,基诺族创造了很多神话来进行解答。因此,基诺族的神话主要有创世神话《阿嫫腰白》、始祖神话《玛黑玛妞》等。《阿嫫腰白》讲述了阿嫫腰白创造天地万物及在洪荒过后保留人种的故事;《玛黑玛妞》则讲述了基诺族始祖是如何产生和生存下来的故事。

基诺族的传说内容丰富,主要有:反映氏族婚姻的传说,如巴什《阿枯幽》《巴别——嫁姑娘寨》等;反映基诺族与傣族关系的传说,如《扫基与召片领》;反映食人者——特缺的传说,如《特缺的压木》《你为什么不打着火把来》《舅舅阿德》等;反映基诺族服饰来源的传说,如《月亮花》《尖尖帽》等；反映文化习俗的传说，如《献树神的传说》《上新房的由来》等；反映村寨历史的传说，如《火烧寨的来历》《巴亚——掌权寨》《巴朵寨的传说》等；反映农业生产和饲养牲畜的传说，如《谷种的来历》《人吃饭、牛吃草的来历》等。

二、叙事长诗

基诺族没有系统的民族史诗，但有一千多行的叙事长诗——《贝壳歌》。其既是诗，也是歌，故又称巴什情歌。在基诺语中，巴义为爱情，什义为同氏族，巴什就是同氏族的爱情。在不同的村寨，此类长诗在具体内容上有所差别，但叙述的内容在整体上基本一致，反映的都是氏族内部青梅竹马的恋人的恋爱经过与结局等。

三、民间故事

基诺族的民间故事以现实生活为土壤，反映了人们在现实生活中的遭遇和希望，为人们了解基诺族的多彩生活提供了丰富的资料。基诺族的民间故事包括机智人物故事、神奇故事、动物故事、植物故事等类型。由于基诺族称机智的人为阿推，故机智人物故事也称阿推的故事。此类故事展现的是基诺族的机智人物凭借智慧戏弄头人和压迫者，如《山官捉竹鼠》《砍不倒的芭蕉花》《汉官的马帮》等。神奇故事表现的是神奇的力量如何实现人们的愿望，如《宝刀和竹笛》《沙切与蛇郎》《宝葫芦》等。动植物故事则是通过寓言的形式来反映生活中的哲理，如《青蛙断案》《豹子和马鹿交朋友》《鸡嗉子果树为什么是弯的》等。

四、谚语与谜语

基诺族的谚语简练通俗，含义深刻，被广泛使用于各种口传文学当中。虽然基诺族的谚语数量相对较少，仅有四百多条，但是其内容比较丰富，包括基诺族对真理（如弩箭射不落太阳，刀枪打不垮真理）、婚恋（如口渴不怕河深，爱情不怕路远）、宗教（如神从水出，人从鼓出）、自然现象（如晴天看山清，雨天雾蒙蒙）、劳动（如一路纺线一路走，半年衣服不用愁）等的认知，从中可以领略到基诺族的智慧及其风俗习惯、生产生活的变迁等。

基诺族的谜语是人们在日常生产生活实践中

第六章 基诺族的艺术生活

的经验总结和智慧结晶,其对儿童的教育发挥着独特的作用。谜语主要包括自然现象、动植物、生活用品和生产工具等方面的内容,通常使用比喻、夸张、拟人等修辞手法,生动有趣。

例如:

反映自然方面的谜语——

老奶奶,起得早,背着棉花满山跑。(雾)

反映生活用品的谜语——

我家有个老妈妈,背着细柴爬篱笆。(筷子)

反映植物的谜语——

杀了一个刺猪,却流出了蜂蜜。(菠萝)

竹、草、藤的编织

编织在基诺族的生产生活中占有非常重要的地位,如《结婚歌》《上新房》等民歌中都清楚地描述了编织在生产生活中的重要作用。依据使用的材料,编织可以分为竹编、草编、藤编等三种。

一、竹　编

在基诺族中,竹编手工一般由男子完成。编

织时，把砍回来的竹子破成片，然后把竹片削成竹篾，再将竹篾放在火塘上用烟熏，以增强其韧性和硬度，就可以开始编织了。竹编制品有背水用的笋托，背谷子用的错卡，背茶叶用的背笋，装衣服、被褥等物品用的卡懋，盛米用的笋笋，以及竹篮、刀鞘、烟盒、碗罩、篾桌、篾凳、簸箕、筛子、席子等，还有祭祀用的祭天柱、达流、祭台等。

二、草 编

根据使用的材料可以分为稻草编、芦苇秆编和叶编。稻草编制品主要有凳子（基诺语称多遮）。编织凳子时，先将稻草理顺，然后像编辫子那样编成长条，再将长条一圈圈地绕成圆柱形即成。芦苇秆编织的物品有女人出嫁的头饰（基诺语称层搓）、小昆虫、小动物等。叶编主要以扫把苗叶为材料，编织品有燕尾状信物。这种信物通常表达的是恋爱中的男子希望移情别恋的女子回心转意的意思。

三、藤 编

藤编的材料为一些韧性比较好的藤条。藤编

第六章　基诺族的艺术生活

制品大多用于固定和收紧簸箕、筛子、背篓的边框。也有藤篾桌、藤篾凳、藤篾茶具等制品。

简约神秘的美术作品

一、雕　刻

基诺族雕刻所用的材料通常为竹子和木头，雕刻的物品主要有神龛、棺木、耳环（女子戴的用木头，男子戴的用竹子）、木鼓、烟斗以及生活用具如甑、碗、勺等。常用的图案是上半部分刻房子，下半部分刻流水。另外，基诺族男子还在送给心仪女子的镰刀把上刻上各种花纹，以示爱慕。在基诺族住房的门框和门楣上有用刀刻或凿子凿出的图案，以此来显示房屋主人的地位。

二、泥　塑

基诺族的泥塑主要用于祭祀，形象有人、马、猪、鸡、牛、羊、蛇、螃蟹等。泥塑采用的原料为红黑天然泥土。在塑造时，将泥土和水拌匀，除去杂质，敲打成又黏又软的泥团，然后用手把泥团一次捏成形，通常不加雕刻。平时小孩儿在外捏了玩的泥塑不能带回家，否则认为会带来不吉。村寨重大祭祀活动中所用的泥塑通常由每户出一个人来共同完成。日常家庭祭祀所用的泥塑由家庭自己制作，并且祭祀所用的泥塑要与其他祭品一起放在村外固定的地方任其毁烂。

三、剪竹笋壳

基诺族用竹笋壳剪制面具、小人、小孩游戏时的战书等。用竹笋壳剪成的面具主要用于祭祀、全寨撵鬼和人死后撵家鬼等活动。制作竹笋壳面具时，先把笋壳剪成动物形象的面具，然后用鸡血、炭灰、石灰勾画，使其形象栩栩如生。全寨撵鬼时，多人把面具戴在脸上，从寨内向寨外做撵鬼的动作，活动结束后要把面具丢在寨外；家庭中有家长去世撵家鬼时，在出殡前由两个人戴着面具象征性地把家鬼撵出家，所用面具必须拿到坟地烧掉；村寨中的长老卓巴或卓色去世时，撵鬼用的面具则要挂在死者坟墓的小房子上。

竹笋壳剪的小人在小孩子起名时用，起名仪式结束后与达流、棕叶一起挂在上楼梯处的篾笆

第六章 基诺族的艺术生活

上。小孩游戏时的战书要在笋壳上画圆圈、弓弩、弹弓等图案。

独具特色的民间体育

基诺族的男女青年都喜欢体育活动,他们在逢年过节时要开展多种多样的体育活动。活动方式及运动器材都独具特色。

一、打鸡毛球

打鸡毛球是基诺族男女青年十分喜爱的一项体育运动,特别是在逢年过节时,除了跳大鼓舞,就数打鸡毛球最热闹。鸡毛球是将公鸡脖颈上的鲜艳羽毛捆绑成束,再将鸡毛束插在巴掌大的布包上,扎紧即可。布包中装填的是火灰。鸡毛球类似于汉族的鸡毛毽子,但不用脚踢而用手打。

二、顶竹竿

顶竹竿是基诺族青少年特别喜爱的一项运动。所用竹竿长约2.5米,直径约10厘米。此项比赛按年龄分组,荣获冠军者即成为寨子里最受尊敬的人。

三、翻竹竿

一人双手斜斜地扶住约2.5米高的竹竿，另一人也双手握竿。翻竿时手不离竿，身不擦地，看谁翻得最快、姿势最低。

四、踩高跷

基诺族的高跷是在一根长约2米的圆竹竿上安上一块踏脚板，踏脚板离地面约60厘米，踩高跷者手扶竹竿上端，脚踩踏板即可行走。比赛时，双方看准时机，互踢对方的高跷跟部，哪一方失去重心而跌落下来即为输。

五、攀云梯

用若干根三四十米长的大龙竹和木条捆绑成云梯，竖在两棵大树中间。比赛时，每组两人，最先攀到顶端者为胜。

六、竹枪射击

用直径二三厘米的一节竹子，打通一头，中间挖一个槽，并保留一个竹节，在其下挖一个孔，装置一个类似鸟枪扳机的机关，用小石子或小野果做子弹。射击距离一般在5—7米，采用立跪两种姿势。

七、打陀螺

这项活动，比技巧，不限场地，灵巧方便。

八、竹篾弹弓

基诺人竹篾弹弓的弓架是用坚韧的竹条削制而成的，弓弦是用藤篾条制成的，弹丸是直径0.5—1厘米的胶泥小圆球。不少人在出工时会将竹篾弹弓带在身边，打离群的牛马、田地里的鸟雀、树上的野果等。节假日，基诺族人还要进行篾弹弓比赛，一般分跪立两种姿势，靶距25米左右。

九、射　弩

射弩也是基诺族青年喜爱的一项体育活动。一般用黑心树或曼登木做弩把，用黄竹做弩档，用毛竹片削成弩箭，用细藤搓成弩弦。比赛距离30米、40米、50米不等，射中靶心者为胜。一般为小组单人比赛。此项运动历史悠久，基诺族人举行上新房仪式时就有弩射黄牛的祭祀活动。

第七章 基诺族与普洱茶

昔从武侯出汉巴,伤心丢落在天涯;
于今不管干戈事,攸乐山中只种茶。

——姚荷生《龙江打油诗》

悠久的种茶历史

一、种茶传说

基诺族关于茶叶的来源主要有三种传说:

其一,创世神话《阿嫫腰白》中的叙述:

阿嫫腰白造了天地以后,把人类分成汉族、傣族和基诺族。她把这三个民族叫拢来分天分地,基诺族因为住得远,没有去,大家等了他们七天七夜,还是不见他们来。阿嫫腰白亲自去请,但基诺族人胆子小,左说右说还是不肯去。阿嫫腰白生气了,转过头就往回走,走到孔明山的时候,她心肠一软,想到基诺族不去分天分地,以后生活会苦的,就站在孔明山上抓了一把茶籽,向后一撒,撒在曼卡寨(巴卡)和龙帕寨(亚诺)的土地上,从此,曼卡和龙帕两个寨子的茶叶就特别多。

其二,在始祖神话《玛黑玛妞》当中有关于基诺族发现茶叶的叙述:

传说阿嫫腰白创造天地万物之后,又创造了七个太阳。七个太阳同时照射大地,七天之后把大地晒得冒火,植物都被晒死了,剩下的人只有吃野兽,野兽也吃人,世界一片混乱。阿嫫腰白很无奈,决定发大水将世界淹没。在阿嫫腰白的帮助下,世上只有玛黑和玛妞兄妹俩躲在大鼓中得以存活,并且漂到了基诺山,繁衍生息下来,他们在众多的植物中发现了一种带有苦涩味的植物,这就是茶叶。

其三,在基诺族族称丢落一说的叙事中有所

记述，详见第19页相关内容，在此不再赘述。

以上三种说法，都为民间传说，只能说明基诺族种茶的历史悠久。但对于基诺族种茶、采茶、制茶、饮茶的历史上限，由于缺乏更多的可信的史料，而无法考证。

二、文献中的种茶历史

据学者研究，基诺族的聚居地西双版纳州产茶的文字资料始见于唐代。樊绰的《蛮书》卷七中说："茶出银生城界诸山，散收，无采造法。蒙舍蛮以椒姜桂和烹而饮之。"银生城，南诏曾设银生节度于此，其区域相当于今普洱市和西双版纳州。银生城界诸山，即指普洱市、西双版纳州境内的以六大茶山为主的群山。从樊绰《蛮书》的记载看，至迟在唐代中后期洱海地区的居民已饮用来自今普洱市、西双版纳州的茶叶，说明至少在唐代，基诺族聚居区已经是产茶的区域。

攸乐茶山经过千百年的发展，至清代中期，已成为著名的普洱茶六大古茶山之一。

对于包括攸乐山在内的六大茶山所产茶的品

第七章 基诺族与普洱茶

质,道光《普洱府志稿》卷八有详细的记载:"茶产普洱府边外六大茶山。……茶味优劣别之,以山首数曼砖,次倚邦,次易武,次莽芝。其他有茶王,树大数围,土人岁以牲醴祭之。次曼洒,次攸乐,最下则平川产者,名坝子茶。此六大茶山之所产也,其余小山甚多,而以蛮松产者为上,大约茶性所宜,总以产红土带沙石之阪者多清芬耳。茶之嫩老则又别之,以时二月采者为芽茶,即白毛尖;三四月采者为小满茶;六七月采者为谷花茶。熬膏外则蒸为饼,有方有圆,圆者为筒子茶,为大团茶,小至四两者为五子圆。拣茶时其叶黄者名金蝶,卷者名疙瘩茶。每岁除采办贡茶外商贾货之远方。"

1938—1939年,姚荷生在基诺山考察时称:"攸乐是普洱六大茶山之一,而且是最有名最重要的一个。以前进贡皇室的普洱茶,就是这山上的出产。这里的茶树都是人种植的,行与行间、棵与棵间的距离都有一定。有些老茶树,据说已有几十岁,枝上披满绿色和灰色地衣。土人们很客气,听说我们想买点好茶叶,纷纷地把家藏的顶上春茶送来,这家半斤,那家四两,凑足了二十斤,每斤只要现银二角五分,可是色香味都属上乘,在普洱或昆明都不容易购到的。"

1941—1943年,基诺山基诺族人奋起反抗国民党地方当局的残酷压榨,与镇压军队进行了英勇斗争。战乱使得基诺山的茶园因无人管理而荒芜。据记载,产茶的寨子由20多个锐减为11个,整个基诺山在1937年尚年产茶叶1201担,至1944年锐减到107.5担。

据云南省农科院茶叶研究所第一任所长蒋铨20世纪50年代的调查,当时基诺山区有11个寨子产茶,其中以龙帕和曼海产茶最多。1956年,茶叶占基诺山全区农副业总产值的17.8%,全山区有茶园1257块,据抽样实测,每块茶园面积平均以2.54亩计,共有3193亩。每亩茶树最多为429株,最少为16株。至今,整个基诺山地区的古茶园仅有约4000亩,主要分布于亚诺、司土老寨等地。

饮食文化中的茶

在基诺族社会中,茶叶不仅可以泡水饮用,而且还可以烹制成菜肴,甚至还可以当作药物。

一、凉拌茶

凉拌茶,基诺语称拉帕批皮。基诺族的凉拌茶主要有十三种:在每年公历的2—4月制作的有普通凉拌茶、咖喱罗凉拌茶、臭菜凉拌茶、鸟肉凉拌茶、螃蟹凉拌茶、杂拌凉拌茶等;4—11月制作的有酸蚂蚁蛋凉拌茶、熟甜笋凉拌茶、生

制作凉拌茶

甜笋凉拌茶、白参凉拌茶、蘑菇凉拌茶、野兽干巴凉拌茶、凉拌茶拼盘等。现择其中一二介绍如下：

普通凉拌茶。将鲜嫩大叶茶揉软搓细后放入碗内，再放入柠檬叶、大蒜、山八角、辣椒、食盐等辅料，加凉开水拌匀后即可食用。

杂拌凉拌茶。将烤熟的肉、舂碎的咖喱罗果及揉细的鲜嫩茶叶放入碗中，用凉开水冲拌，再放入柠檬叶、辣椒、大蒜、食盐即可。

凉拌茶拼盘。在舂细的肉干巴、竹笋、蘑菇等中加入揉细的茶叶及山八角、辣椒、盐巴、大蒜等辅料，加水冲拌即可。此种凉拌茶为凉拌茶中的极品，甚是难得。

二、烤制茶

此类茶亦称天工茶，主要有冬果叶茶、大贝叶茶、芭蕉叶茶和扫把花茶等四种。

冬果叶茶的制作方法为：取大叶鲜茶约500克，用冬果叶包上两三层，放在火中烧烤，烤出茶叶的焦香味后，去掉冬果叶，晾干储存。此种

第七章 基诺族与普洱茶

方法制作的茶叶具有野生冬果叶的独特香味。冬果叶又分为有红边的、无红边的、光滑的、叶长有毛的等四种,其中有毛的冬果叶烤出的干茶特别香。

大贝叶是热带雨林中的多年生植物,叶面大。大贝叶茶和芭蕉叶茶的制作方法与冬果叶茶基本相同。

在冬果叶茶、大贝叶茶和芭蕉叶茶的制作过程中加入几朵或几片野生的扫把花和叶,就是具有扫把花清香味的扫把花茶了。由于野生扫把花可做凉药,故加入扫把花的烤茶亦称清凉茶。

三、竹筒茶

取一节长约40厘米的新鲜泡竹,把鲜茶放入竹筒内,用木棒边舂边填,直到填满舂紧,再用芭蕉叶盖紧竹筒口,然后在火上烧烤,待烤出鲜茶与泡竹的清香味,破开竹筒即成筒状干茶。竹筒茶制成后,用箩筐储存。在筐内底部及其四周铺垫上干竹笋叶,装满干茶,再盖上竹笋叶后用竹篾捆紧放置在通风干燥的地方。另外,烤干的茶叶也可以放入封盖严实的龙竹筒内,放置在干燥通风处,随时取用,一年内不会变味。

四、铁锅蒸茶

铁锅上置甑子,把鲜茶叶放入甑子中,生火烧水把茶叶蒸干,取出晾晒后即可。

五、火燎茶

手持大叶鲜茶细枝在火上反复燎烤,直至茶叶干黄卷曲发出香味,再放入竹筒烧煮后,即成为可以饮用的火燎鲜茶。此种方法制作的茶叶即采即燎即煮即饮,不但带有原生鲜茶的特有香味,还去除了即采即煮鲜茶的苦涩。制作此种茶,不用嫩茶尖,只用大而老的鲜茶叶。

六、包烧茶

包烧茶是将茶树的老叶片用芭蕉叶或当地的一种扫把叶包好,埋入火塘内的炭火灰中,十多分钟后,即可取出茶叶。此种茶可放入茶壶中煮饮,也可放入茶杯中直接用开水泡饮。包烧茶现烧现饮汤色黄绿,清香爽口。如果烧好后晾干,几天后再煮(泡),则汤色暗红,香气稍逊,滋味却还醇和。

七、茶　酒

茶酒多选用基诺族村民自己酿制的优质粮食酒与大叶种优质茶配制而成。酒色金黄透亮,其味微苦、醇和,饮后回甘、生津,具有清凉解暑、解热毒、抗辐射、抗衰老等作用。

祭祀文化中的茶

茶叶对基诺族的重要性不仅在于其是日常饮品和对外交换的主要物品,还在于它也是基诺族祭祀鬼神的重要物品。

祭茶仪式

一、以茶祭神

按照基诺族的传统习俗,每年开摘春茶前,村寨长老都要带领村民举行祭祀茶神的仪式。每当祭祀的时候,人们来到茶园围着茶神树,由寨中长老主持祭祀仪式。长老先敲碎几个鸡蛋,将蛋清和蛋黄淋在树干上,再将一只公鸡的嘴巴割开,将鲜血淋在茶神树上,又淋至周边大小茶树上,嘴里还要不停地喊着:"茶神哪,我们给你送鸡、送鸡蛋来了,你吃你享用吧!请多多发出青芽,请不要让那些乱七八糟的虫来吃,保佑我们茶叶丰收、生活富足……"当然,在不同的村寨,祭祀茶神的日期和方式会有一些差别。

亚诺寨在为期十二天的农业祭祀活动——洛嫫洛中有全民祭祀茶神的活动。在祭祀当日,每家每户都要准备一只红公鸡去自家茶园祭茶神,杀鸡后要在园中最大的茶树上涂三道鸡血并粘上鸡毛,然后在茶树树干上打破鸡蛋,再把鸡蛋壳套在茶树干上,并念祷词,祈求丰收。

巴亚寨的祭茶神活动是将一年内积累的蛋壳

套在每一棵茶树的枝头上。茶树被雷击的家庭在每年茶树发芽的时节,要杀黑色与白色小猪各一头、黑色与白色鸡各一只,在雷击处祭祀,并世代相传。

么卓寨也一直延续着祭祀茶神的传统习俗。这个寨子祭祀茶神的时间通常安排在每年春茶开采前。祭祀活动在古茶树下进行,村民在祭茶师(主持祭祀的人)的带领下祭茶神。祭茶师必须用一把世代相传、象征其身份的刀来杀鸡,并洒下鸡血,一边洒血一边念祈神的祭词。

二、以茶祭天

基诺族称祭天为蹉跎。祭天仪式在每年农历五月进行,有的村寨祭祀的场地就在遭雷击的茶树下。另外,祭天的祭品除了猪、鸡、鸡蛋、糯米饭外,茶叶也是祭品之一。

三、以茶祭鼓

每年过特懋克时,基诺族都要祭祀大鼓,以祈求寨神和祖先保佑村寨和家庭人畜兴旺、来年丰收。祭品除了猪、鸡、米饭、酒、槟榔等外,干的茶叶也是必不可少的。

四、以茶祭祖

基诺族人在安葬死去亲属的时候都会为其装上一竹筒茶叶。对已亡故的亲人,基诺族人还会托正在下葬的死者给他们"捎带"去茶水(在安葬死者的时候,人们把茶叶放在墓穴中的棺木旁边,表示托死者给自己已亡故的亲人带去茶叶)。

以茶为媒的对外交往

一、茶叶作为礼物和贡物

茶叶在基诺族人日常的交往活动中占有重要地位。看病的人通常要把茶叶作为礼物送给草药医生。在傣族召片领统治的时代,基诺族还把茶叶作为贡品献给傣族土司。在清代,基诺山的茶叶在经过加工后还作为贡品进贡朝廷。

二、茶叶作为商品

基诺山在历史上不仅是普洱茶六大茶山之一,而且还曾被茶商誉为普洱茶的中心产地。其茶树品种包括大叶种和小叶种,大叶种以亚诺寨为中

第七章 基诺族与普洱茶

心,小叶种以巴来、巴飘为中心,而在司土、巴坡等寨大叶种、小叶种均有。

在以物易物的年代,茶叶作为基诺山的特产,是基诺族用于与外界交换生活必需品的主要物品。正如一首名为《汉族阿哥你哪里来》的基诺族民歌里唱道:"高大的汉族阿哥哎,你们从哪里来?札磊、札角哇,我们走哇走过来。泡核桃和糖果带来了吗?基诺族最好的鲜茶与你换。"

在清代,基诺山的茶叶年产量可达8万市斤,吸引了大批内地汉族商人前来贸易。他们带来了盐巴、布匹等日用品,以换取基诺山的茶叶、棉花等特产,每年外商从基诺山运走的特产都在1000驮左右。在普洱、倚邦、易武等地,外来茶商上山收购时,以盐换茶,初以9斤盐巴换100斤茶,后来逐渐减为7斤、5斤、3斤。也有基诺族人拿着茶叶到橄榄坝换土锅、水缸。交换时,以锅、缸量茶,通常一锅茶叶换一个土锅,一缸茶叶换一个水缸。

中华人民共和国成立后,西双版纳茶叶公司

于1954年先后在曼飘和龙帕设立了茶叶收购组，1955年下半年，勐海茶厂在基诺山建立茶叶收购点，1956年，又在茨通和曼雅设立了一个收购组和一个收购点。

今天，基诺山每年的茶叶交易量很难得出一个准确的数字，因为基诺山出产的茶叶不仅被外来的商贩收购，而且多家当地的茶叶加工厂也在收购。这些当地的茶叶加工厂有的创造了自己的品牌，把毛茶制成茶饼销售；有的收购鲜叶后进行再加工，分级后远销昆明、广州等地，而且零卖和趸卖并存。

第八章 反抗暴政的基诺族起义

1940年,王字鹅任车里县长时,捐税猛增。有门户捐、屠宰税、酒课、兵钱、栽种税、脚钱、婚姻税、死人税、房屋税、茶金、山水费等,平均每户要缴纳三百多个半开银圆。国民党政府还强行征兵,在只有八千余人的基诺山区抓壮丁。否则,一个壮丁就要抵折一百个半开银圆。此外,还强令每家要缴75公斤谷子和25公斤大米做"积谷",限期不缴"即令驻军痛剿",从而激起基诺族人民的强烈不满,逼得他们走上反抗的道路。

1941年8月底,车里县县长王字鹅派陈科员到基诺山催收门户捐,正值基诺族村寨封寨祭神。陈有恃无恐,不遵民俗,甚至对着祭献场地小便,激起公愤。基诺族村民搓约与波杰、包者（搓约姐夫）、阿四及其他人密议，决定杀死陈科员，次日起义。陈得知消息后，连夜逃回车里报告王字鹅。王字鹅大惊，扬言要派兵进剿。

为了组织起义队伍，抵抗国民党军队的镇压，9月初，巴卡寨的群众在搓约领导下，于寨北盖起神庙。又通知各寨选派两三人来巴卡聚会，接受什胜给（神召）原始宗教的洗礼，研究武装抗暴事项。

同年11月下旬，基诺族与附近山区的哈尼族、汉族等群众四千多人手持火枪、弓弩、砍刀云集巴卡寨，杀猪宰牛，结盟宣誓，决心与敌人血战到底。

起义军组成后，公推搓约为统帅。起义军根据山区地形及村寨分布，编为四个大队和若干个小队，每队（寨）多则两百人，少则数十人。起义军还号召各寨中14岁以上的男子都来参加编队训练。妇女则负责运输与后勤工作。

起义军组建后，即进行训练，赶制兵器，储

第八章 反抗暴政的基诺族起义

备粮弹,修筑寨垒、工事等,并规定了鸡毛炭信内容。提出了"先战小勐养,后打橄榄坝,踏平宣慰街,赶走国民党"的口号。并派人到镇越、易武、勐仑、瑶区、佛海、勐混等地串联以求得配合和支援。

1941年12月,起义军初步准备就绪,搓约亲自率领各寨基诺族代表三百多人去车里找县长王宇鹅谈判,要求免税。当这些代表进入勐养佛寺后,车里县常备中队队长蒋光轩率领的常备队三十余人和勐养土司的土司兵,一同向起义军发动进攻。搓约率起义军抵抗,先后毙敌一名、伤两名。

起义军代表初战小勐养后,撤回基诺山,加紧操练,积极备战。蒋光轩的常备队逃回车里向王宇鹅告急,王宇鹅急忙向上司求援。1942年2月初,遵照国民党当局的旨意,车里土司刀栋梁即以宣慰使名义发布命令,向广大傣族地区征兵、派粮、派款,准备对基诺山进行"围剿"。

2月下旬,王宇鹅又派蒋光轩率领车里县常备队，刀栋梁派出土司兵近两百人，在蒋光轩的统一指挥下，向基诺山进发，准备偷袭起义军的大本营。起义军得到消息后，在巴卡集中了四百余人。搓约亲自率部迎战。双方展开了激烈的战斗。起义军利用熟悉地形的有利条件，通过穿插包围和猛烈冲击，将前来"围剿"的常备队和土司兵击溃。起义军认为使用敌人的东西今后不会打胜仗，就将缴获的武器弹药和物资全部堆起来焚毁，并连夜返回了巴卡。

王字鹅为了进一步"围剿"义军，又调来思普独立营一连，加上县常备队及刀栋梁的土司兵，合计数百人，由王字鹅亲自率领，进攻基诺山。当队伍行进到勐养后，王字鹅决定兵分两路进攻。出发前，王字鹅训话，他说："这次进攻攸乐山，大家要勇敢作战，不许后退，哪个后退，我用手枪毙了他！"新抓来的傣族壮丁缺乏训练，听了后，更加惧怕，一夜之间全部逃走了。

次日，王字鹅只好将人员合为一路，准备一举攻下巴卡。当王字鹅的队伍到达勐仑后，勐仑

第八章 反抗暴政的基诺族起义

的傣族已将情况报到巴卡。翌日中午,王字鹅率部队冒雨进攻,战斗一直持续到傍晚,伤亡很大,但仍无法攻破起义军的防线,后又改从羊肠小道绕过卡内(小巴卡)进逼巴卡寨门。当时,起义军正在吃饭,搓约立即组织起义军进行抵抗。最后,王字鹅突破东南防线,进到寨内。这场战斗异常激烈,起义军从傍晚一直坚持到深夜,才被迫撤出寨子,退守东北面的山梁。

当夜,起义军不断出击敌人,使王字鹅不得安宁。得到消息的哈尼族义军,日夜兼程赶赴巴卡支援。王字鹅只好在天亮前撤离巴卡。天亮后,王字鹅的军队被起义军包围在洛科寨,双方又打了两天两夜,直到第三天拂晓前,王字鹅率部突围向勐仑撤去。

9月,国民党车里县党部书记张发忠又向云南省民政厅报告,两次"剿办"失利,基诺山区民族"暴力反抗政府",形势告急,请求速派兵"剿办"。省政府主席龙云命令思普独立守备指挥部指挥官吕国铨会同思普专员胡道文尽快"剿抚""平息"攸乐暴动。

10月，吕国铨亲自出马，调派符继恒暂编二大队的一个营，由营长邱天彩指挥，从西面进攻攸乐山。邱天彩部首先进占孔明山脚的曼瓦（基诺村寨），然后偷袭石咀寨。石咀寨派人持鸡毛火炭信息报巴雅、乍雷、乍岗、生牛等寨。巴雅首领白腊资接到生牛寨的急报后，一面派人前往石咀阻击，一面调集巴雅片各寨五百多人前去增援。双方在杰主（老街）激战一天。邱天彩部分三路猛攻，由于沿途受到伏击，三天后才进到巴雅附近。邱天彩下令烧了巴雅，并纵容士兵挖掘基诺族人的坟墓，掳掠财宝。由于邱天彩部和土司兵的后勤给养供不上，加之死伤了一百多人，邱天彩便提出停战和谈。双方同意停战，邱天彩部撤回勐养。

暂编二大队撤回勐养休整了一段时间，12月，符继恒又率二大队和宣慰土司兵近一千人，再次从西向东进攻基诺山。占领巴雅后，符继恒强迫百姓为其运送粮食和弹药。这时，巴雅头人才知

第八章 反抗暴政的基诺族起义

道上了和谈的当,赶快派人分头报告了巴卡、窝压(么桌)各寨。搓约、阿四、郭兴发等商议,由阿四、郭兴发带领四五百人,在冷泥河两岸埋伏。天亮时,二大队和土司兵进入冷泥河伏击圈后,埋伏在两岸的阿四、郭兴发等人居高临下,用火枪和礌石对其进行猛烈打击。符继恒多次组织突围,直到黄昏时才在机枪和迫击炮的掩护下连夜撤到帕尼。

搓约率领增援人马与阿四、郭兴发会合后,兵分三路进攻。符继恒部突围到石干子,双方在石干子打了六天,阿四命人放火烧山,迫使符继恒部退到曼海。在巴来又打了十多天,符部最后撤往勐罕。

1943年三四月间,吕国铨召集有胡道文、符继恒、王宏泽、王字鹅、刀栋梁等人参加的会议,宣读省主席龙云"剿抚兼施,以抚为主"的电令,宣布开始以抚为主的第四次"剿抚"行动。此次行动仍以符继恒的二大队为主力,约五六百人,从小勐养出发,从西向东进攻巴卡。符继恒率部包围了巴卡，起义军不得不趁黑撤到村西的山林中。郭兴发利用树林作掩护，一连击毙了符部的几个士兵。符部用机枪反击，郭兴发腹中三弹，次日拂晓去世。

符部占领巴卡后，便采取"抚重于剿"的办法，主动喊话，要求双方派代表和谈。在这种情况下，阿四主张和谈，并派其母杨二妹与符继恒联系。

据此，搓约和众首领商议，决定将起义军暂时分散在深山老林中。会谈后，双方代表达成包括十日内撤军、不烧寨子、不抢宰耕牛等条件的停战协议。停战以后的事要等车里新任县长李毓芳到任后处理。3月底，李毓芳到任，根据省主席龙云的指示，召开了宣慰议事庭和各勐土司、头人参加的会议，阐述处理攸乐事件的意见，并派勐捧土司召存信代行"安抚委员"职权，与县政府职员杨友松等人到巴卡进行十余天的会商和安抚。后又达成两条协议：一是县政府不再向基诺族征兵，原先下达的征兵命令作废；二是停战后三年内不再向攸乐山征粮派款，并免除过去三年（1941—

第八章 反抗暴政的基诺族起义

1943年)所欠的一切捐税。

巴卡停战后,吕国铨便把王字鹅拘留起来,并向龙云报告说:"车里县长王字鹅,前因苛抽,屡激民变,现离职在即,不顾大敌压境,竟分派人到各乡,滥索巨额现金。声言,'若不立交,即令驻军痛剿',致使乡民畏惧、四散逃匿,军米无着,影响抗战,除将该县长暂行监视及分报行营参谋团外,谨电乞示遵。"同年9月,龙云主持会议,作出了惩办王字鹅的决定。"已调车里县长王字鹅,在任时放纵收烟收款及违命征收现金,各情证据委查属实,应如呈照准,捕行撤职,咨送绥署交军法处讯办。"

第九章　传承与弘扬基诺文化的窗口

西双版纳基诺族学会
——基诺族的民间智库

西双版纳基诺族学会自成立以来，对促进基诺族经济、社会、文化等各项事业的发展发挥了积极作用。

一、加强组织建设，全面促进学会有效发展

学会致力于基诺族全面发展，提高服务大局、服务民族工作的能力和水平。壮大会员人才队伍，凝心聚力，为基诺族各项建设事业建言献策，努力做好基诺族学会的各项工作，现共有来自全州各地不同行业、不同领域的基诺族会员三百余名。

二、鼓励文学创作，扎实推进基诺族文学队伍建设

学会积极鼓励基诺族作家进行文学创作，努力推进基诺族文学队伍建设。一是创办了《太阳鼓》杂志。该杂志为广大基诺族同胞提供了一个文学创作平台。二是积极开展和参与基诺族文学的编纂工作。三是积极培养文学创作后备人才。近年来，基诺族作家的诗歌、散文等不同类别的文学作品不断被全国各地的网站、报纸、杂志等采用，基诺族文学作品呈现百花齐放的景象。

三、加强文化保护，全力促进民族文化大发展、大繁荣

学会重视基诺族传统文化的挖掘、保护、传承与发展，加强各少数民族间的文化交流。一是制作具有基诺族特色的《请你走进基诺家》音乐视频光碟。二是开展基诺族民间歌曲的征集工作，丰富歌曲的内容和形式，将民族元素与现代元素相结合，制作出多元化的民族音乐。三是积极协助基诺族乡建设西双版纳基诺族博物馆。四是积

极参与筹办基诺族一年一度的传统节日特懋克。五是积极强化文化人才队伍建设工作。六是整合资源,广泛交流。

四、深化助学行动,助力基诺学子实现求学梦

学会持续开展助学行动,帮助基诺族学子成长成才。深入家庭了解、掌握基诺族困难家庭的基本情况,特别是子女就学情况;扩大助学范围,突出助学重点,除资助农村困难家庭子女外,把基诺族在岗和下岗失业困难职工、单亲困难子女等也列入资助范围;积极协调企业、公司帮助困难家庭学生解决助学金问题;鼓励基诺学子毕业后回乡参与各项事业,为其提供发挥特长、建功立业的平台。同时,广泛宣传动员社会各方面力量踊跃参与助学行动。通过开展助学行动,进一步提高了学会的社会影响力,也进一步发挥了学会的社会作用,使社会各界对学会的认同度有所提升。

第九章 传承与弘扬基诺文化的窗口

基诺山寨——基诺族文化的耕耘者

基诺山寨,位于景洪市基诺乡巴坡村,由云南金孔雀旅游集团西双版纳金孔雀旅游文化有限公司在原有地址上重建,于2006年6月1日正式对外营业。经过十余年的发展,基诺山寨在基诺族文化传承和保护方面取得了一些成绩。在那里,游客可以领略到基诺族浓郁的民族风情、神秘的原始宗教、淳朴的生产生活方式及秀美的自然风光。

一、与村民共建基诺民俗山寨

基诺山寨解决了当地村民的就业问题,提高了村民的收入水平,激发了村民参与的积极性。

二、注重民族文化传承,做好文旅融合发展

基诺山寨推出《攸乐攸乐》的实景演出。这个演出还原了洪荒时代的基诺族文化。举办系列民族文化活动。例如:每年2月6—8日举办基诺族最盛大的特懋克祭祀活动,展示基诺族文化。邀请基诺族大鼓舞传承艺人白腊先创作编排《基诺族大鼓舞》。该节目多次代表西双版纳州参加国内外文化

艺术交流活动。根据基诺族独特的敲击乐器七柯和布谷编创而成的歌曲《奇科阿咪》在2015年第七届全国村歌大赛中荣获中国村歌十大金曲等奖项。2018年，基诺山寨对其进行了展演。特色商品街的建立让基诺族传统手工艺体现了价值，涌现了一批传统手工艺人，也为基诺族特色商品走向市场奠定了基础。大量游客的到来，也让周边的农家乐、民宿不断兴起，很好地促进了当地经济的发展。

三、因地制宜，打造特色山寨

2014年，基诺山寨（巴坡村）荣获国家民委授予的中国首批"中国最具传统特色民族村寨"的称号；2014年4月，基诺山寨被联合国世界旅游组织旅游可持续发展管理与监测中心选定为西双版纳州唯一的少数民族观测点；2015年，基诺山寨被评为州级中国非物质文化遗产基诺族大鼓舞传承基地、基诺族文化展示基地；2016年1月19日，基诺山寨入选首届云南省文化企业30强名单；2017年，基诺山寨荣获西双版纳州级民族团结"七进"示范企业称号。

参考文献

[1] 杜玉亭. 基诺族简史 [M]. 昆明：云南人民出版社，1985.

[2] 杜玉亭. 基诺族 [M]. 北京：民族出版社，1996.

[3] 杜玉亭. 基诺族文学简史 [M]. 昆明：云南民族出版社，1996.

[4] 杜玉亭. 基诺族传统爱情文化 [M]. 昆明：云南人民出版社，2008.

[5] 杜玉亭. 基诺族普米族社会历史综合调查 [M]. 北京：民族出版社，1990.

[6] 杜玉亭. 和而不同的中国民族学探索：杜玉亭基诺族研究文论 [M]. 昆明：云南大学出版

社,2009.

[7] 李拂一.十二版纳纪年[M].台北:台湾复仁书屋,1984.

[8] 盖兴之.基诺语言简志[M].北京:民族出版社,1986.

[9] 刘怡,陈平.基诺族民间文学集成[M].昆明:云南人民出版社,1989.

[10] 黄桂枢.中国普洱文化研究:中国普洱茶国际学术研讨会论文集[M].昆明:云南科技出版社,1994.

[11] 景洪市政协文史资料委员会.景洪文史资料之三基诺族[M].成都:成都科技大学出版社,1994.

[12] 赵捷.永不安分的女魂[M].昆明:云南教育出版社,1995.

[13] 蒋铨.古"六大茶山"访问记[M]//赵春洲,张顺高.版纳文史资料选辑:4集.内部资料.1988.

[14] 尹绍亭.基诺族刀耕火种的民族生态学研究[J].农业考古,1998.

[15] 刘怡,白忠明.基诺族文化大观[M].昆明:云南民族出版社,1999.

[16] 杨世林,郭绍荣,郑品昌.基诺族医药[M].昆明:云南科技出版社,2001.

[17] 鲁云.基诺族的茶文化研究:以基诺山么卓村为个案[J].茶业通报,2004(4).

[18] 朱映占.基诺族[M].沈阳:辽宁民族出版社,2014.